이우일,
카리브 해에 누워
데낄라를 마시다

이우일,
카리브 해에 누워 데낄라를 마시다

초판 1쇄 인쇄 2006년 7월 15일   초판 1쇄 발행 2006년 7월 22일

지은이 이우일 **펴낸이** 김태영

기획편집 1분사   **편집장** 박선영 **책임편집** 도은주
1팀_양은하 도은주 2팀_오유미 가정실 김세희 3팀_최혜진 정지연 한수미
4팀_이효선 성화현 **디자인**_김정숙 하은혜 차기윤

상무 신화섭 **컨텐츠기획** 노진선미 이유정 이화진 **제작** 이재승 송현주
마케팅 신민식 정덕식 권대관 송재광 박신용 김형준 **영업관리** 이재희 김은실
인터넷 사업 정은선 김미애 왕인정 **홍보** 김현종 허형식 임태순 **광고** 김정민 이세윤 임효구 허윤경
경영지원 하인숙 김도환 봉소아 김성자 고은미 최준용 **인사교육** 송진혁

펴낸곳 (주)위즈덤하우스 **출판등록** 2000년 5월 23일 제13-1071호
주소 서울시 마포구 도화 1동 22번지 창강빌딩 15층 **전화** 704-3861 **팩스** 704-3891
전자우편 yedam1@wisdomhouse.co.kr **홈페이지** www.yedamco.co.kr
출력 좋은그림 **종이** 화인페이퍼 **인쇄·제본** (주)현문

값 10,000원 ⓒ 이우일, 2006
ISBN 89-5913-163-6   03810

* 잘못된 책은 바꿔드립니다.
* 본서의 내용과 편집 체재의 무단 전재 및 복제를 금합니다.

이우일, 카리브 해에 누워 테킬라를 마시다

여행이 점점 더 힘에 겹다. 물론 여행은 육체적, 정신적으로 좋은 것이다.
그러나 그 대가가 얼마나 비싼가!
이것은 사람들이 극약劇藥이라고 부르는 바로 그것이다.
여행을 떠날 때 나는 벌써부터 돌아오는 즐거움에 앞질러 집착한다.
나는 탈레랑이 루이 18세에게 했던 그 유명한 말을 나 스스로에게 중얼거린다.
나폴레옹이 이제 막 프랑스 땅에 상륙하여 파리를 향하여 파죽지세로
진군하고 있었다.
탈레랑이 왕에게 이렇게 말한다.
"폐하, 다시 돌아오시고 싶으시면 어서 떠나셔야 합니다!"

— 미셸 투르니에의 『외면일기』에서

| CONTENTS |

프롤로그
신세계로 여행을 떠나다 · 012

01. 결심 · 024
02. 프로레슬링 · 027
03. 낡은 스니커즈 · 032
04. 이탈리안 레스토랑 · 035
05. 죽은 자의 날 · 037
06. 피라미드에 오르다 · 040
07. 녹색 폭스바겐 택시 · 042
08. 과달루페 · 045
09. 벽을 그린 남자 · 048

10. 푸른집 · 051

11. 피냐타 · 055

12. 플라스틱 장난감 · 058

13. 사랑의 묘약 · 062

14. 로스 판초스 · 070

15. 판다 · 072

16. 티나 · 078

17. 워리 달 · 081

18. 헌 책방에서 · 083

19. 카페 카크니 · 086

20. 아디오스 · 088

21. 칸쿤 · 091

22. 해변을 걷다 · 094

23. 야간비행 · 100

24. 아바나로 · 114

25. 호텔 리비에라 · 118

26. 콘치타의 집 · 120

27. 어떤 쿠바 여인 · 128

28. 비에자 걷기 · 132

29. '중간에 있는 작은 가게'에서 · 137

30. 체 게바라 · 139

31. 헤밍웨이 · 142

32. 아바나 레스토랑 유람기 · 156

33. 말레콘 비치 · 163

34. 혼자 걷는 말레콘 · 166

35. 프라도 거리에서 만난 예술가 자자 귀로라 · 170

36. 사진 찍기 · 175

37. 쿠바 인터내셔널 북 페어 · 178
38. 시가 공장에 가다 · 182
39. 그날 밤에 생긴 일 · 189
40. 골동품 상점에서 · 195
41. 아바나 트로피카나 쇼 · 199
42. 안녕, 아바나 · 203
43. '여자들의 섬'으로 · 209
44. 비바 이슬라 카사 데 아르테 · 218
45. 서커스 · 220
46. 여행, 빛의 터널 끝에서 유턴 · 224

에필로그
이슬라 무헤레스에서의 마지막 밤 · 226

| 프롤로그 |
신세계로
여행을 떠나다

I

　우리는 중앙아메리카를 여행하기로 마음먹었다. 그런데 멕시코의 멕시코시티와 칸쿤, 쿠바의 아바나를 여행하기로 결심한 순간부터 여기저기서 온갖 끔찍한 사건 사고 소식이 들려왔다.

　우선 멕시코시티가 가장 끔찍했다. 「뉴스위크」는 멕시코시티를 납치·살인·폭동의 무법천지로 소개했다. 기사는 큼지막한 사진과 함께 실렸는데, 멕시코시티 외곽의 한 도시 주민들이 연방경찰관 두 명을 붙잡아 산 채로 화형시키는 사진이었다. 불타는 시신 주변에는 어린아이들도 보였다. 그 사건의 이유는 도무지 불분명했다. 멕시코시티에서 법과 질서를 기대하기는 영 쉽지 않아 보였다.

　기사에 따르면, 멕시코시티에서 일어나는 범죄의 95퍼센트가 풀리지 않은 채 그대로 방치된다고 한다. 게다가 범죄에 대한 범인 검거율은 '제로'라고 못 박기까지 했다. 나는 마른침을 꿀꺽 삼키며 아내의 코앞에 잡지 사진을 들이밀었다.

"거긴 생지옥이야!"

나의 말에 아내는 물끄러미 기사와 사진을 보더니 아무렇지도 않게 말했다.

"에이, 외국인이 보기에는 서울도 만만치 않아. 교통사고 1위에, 유영철 같은 살인마도 돌아다니고."

"이건 달라! 미친놈 한 녀석이 아니라 사회 전체가 붕괴 조짐을 보이고 있다고! 이것 봐! 불타고 있는 시체가 안 보여?"

아내는 자신이 동분서주하며 구입한 비행기 표를 물리기가 귀찮았는지 콧방귀만 뀌었다.

순간 나는 아내가 달리 보였다.

이렇게 간이 클 줄이야.

끔찍하고 그로테스크한 소식은 그것으로 끝이 아니었다. 멕시코시티의 납치 범죄율이 세계 2위라는 말까지 내 귀를 파고들었다(1위는 콜롬비아). 돈 있는 사람을 납치해 돈을 뜯어낸 뒤 살해하는, 영화에서나 봐왔던 고전적인 수법의 끔찍한 범죄가 판을 친다는 것이었다. 실제로 해외토픽에 그와 관련된 뉴스가 났는데, 멕시코시티의 콘스티투엔테스 도로에서 차를 몰고가던 '베로니카 발라데스(27세)'라는 여성이 강도가 쏜 총에 맞은 사건이었다. 거기까지는 평범한 권총 강도 사건이지만(평범하냐!) 이것이 토픽이 될 수 있었던 것은 그녀가 구사일생으로 목숨을 건졌기 때문이었다. 강도가 그녀를 향해 총을 쏘았는데 마침 그녀는 통화를 하고 있었고, 다행히 휴대전화에 총알이 맞아 목숨을 건졌다는 것이다. 그녀는 손가락에 작은 찰과상만 입고 기적적으로 경찰에 구조되었다. 「마카로니 웨스턴」에서 총에 맞아 죽은 줄 알았던 주인공이 옷 속의 회중시계 덕분에 황당하게 되살아날 때, 그럴 때 써먹을 법한 그런 '운'으로 베로니카는

목숨을 건졌던 것이다.

'아니, 그건 납치강도가 아니잖아! 납치범이라는 녀석이 총부터 쏜단 말이야? 나 멕시코시티 절대로 안 가!'

하지만 그 뉴스도 아내를 설득하지 못했다.

나는 아내가 무서웠다. 어느 아내가 자신의 남편과 딸을 사지死地로 몬단 말인가?

사건 소식은 계속되었다. 정말 이상도 하지. 특별히 찾아보는 것도 아닌데, 인터넷 뉴스 해외토픽란에서 우리가 가기로 한 여행지만 유독 눈에 띄는 것이었다. 이번에는 멕시코의 대표적인 휴양지인 카리브 해의 해변 '칸쿤'에 관한 뉴스가 눈에 들어왔다(그곳은 우리의 두 번째 여행지다). 칸쿤의 남쪽 '플라야 델 카르멘'이라는 지역에서 친구를 살해하고 그 인육을 먹으려고 한 희대의 엽기 살인범 소식이었다. '아마도 데 디오스 아리아스(26세)'라는 청년은 성관계를 거부한다는 이유로 친구를 죽이고, 사람의 살은 어떤 맛이 나는지 궁금해 그를 요리하기로 결심했다고 한다. 범인은 친구를 살해한 후 피가 빠지도록 시체를 거꾸로 매달아두었으며, 심장은 따로 먹으려고 가스레인지 안에 넣어두었다고 태연하게 진술해 경찰관들을 경악케 했다고 한다.

나는 착잡한 심정으로 컴퓨터를 껐다. 그리고 아내를 불렀다.

"중남미의 소설 속에 나오는 기괴한 이야기들이 실제로 일어나고 있어!"

이번 여행은 뭔가 불길하다는 것이 일관된 나의 주장이었다. 그렇다. 이건 해도 너무한다. 이런 뉴스를 접한 뒤에도 돈 들여가며 아내와 어린 딸을 데리고 아무렇지도 않게 여행을 가는 사람은 이 지구상에 단 한 녀석도 없을 것이다. 한참 동안 내 이야기를 듣고만 있던 아내가 입을 열었다.

"그럼 멕시코는 경유만 하자."

나는 안도의 한숨을 쉬었다. 쿠바를 여행하는 것도 걱정되긴 했지만, 멕시코를 피한다는 것만으로도 일단 목숨은 건진 듯한 느낌이었다. 쿠바에 관한 소식이라고는 카스트로가 쿠바를 여행하는 관광객들이 더 이상 달러를 사용할 수 없게 했다는 것 정도였다. 카스트로의 그 발표가 있기 전까지 쿠바에서는 달러가 자유롭게 유통되었다고 한다. 멕시코의 괴기스러운 뉴스에 비하면 그 정도쯤이야 얼마든지 애교로 넘길 수 있었다.

 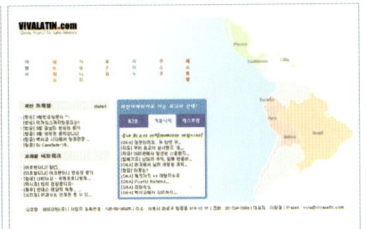

멕시코, 쿠바를 여행하려면

중남미 비행 편과 여행 상품을 취급하는 여행사는 의외로 많지 않다.

북미, 유럽 등에 비해 일단 비행시간이 긴 것이 가장 큰 이유.

여행 상품도 여러 나라를 경유하는 게 많아 상대적으로 가격이 비싼 편이다.

서울에서 멕시코시티까지 일반적으로 유럽행 왕복 금액의 두 배 정도 예상하면 정확하다.

우리는 비행기 표만 사서 출발했는데, 중남미 전문 여행사인

'아미고 투어'와 '비바 라틴'의 도움을 받았다.

아미고 투어 www.amigotour.com   비바 라틴 www.vivalatin.com

II

"멕시코는 경유만 한다고요? 거기 볼 게 얼마나 많은데!"

편집자 H가 말했다. 그러고는 자신의 친한 후배가 멕시코시티에서 반년이나 있다가 얼마 전에 돌아왔다며 그를 소개시켜 주겠다고 했다. 그를 통한다면 멕시코를 안전하게 여행할 수 있는 방법을 전수받을 수 있고, 민박도 구할 수 있다는 이야기였다.

나는 그에게 말했다.

"반년이나 있었는데 살아 돌아왔어?"

며칠 후 우리 셋은 술자리를 함께 했다.

멕시코에 반년을 머물고 왔다는 H의 후배 P는 멕시코를 매우 사랑하는 남자였다. 특히 혁명의 도시로서의 멕시코를. 그는 반년 동안 자신이 멕시코에서 어떤 경험을 했는지 진솔하게 이야기해 주었다. 잠시 후 귀가 얇은 나는 그가 풀어내는 멕시코 이야기에 귀가 솔깃해지기 시작했다. 그의 이야기를 듣고 있자니 멕시코는 쿠바와 비교할 수 없을 정도로 멋진 나라였다. 그의 이야기에 마냥 황홀해하던 나는 정신을 가다듬고 나의 가장 중요한 관심사를 물어보았다.

"그렇지만 위험하다면서요?"

그렇게 묻기는 했지만, 술까지 약간 취해 이미 멕시코에 푹 빠져 있던 나는 멕시코를 꼭 들러야겠다고 벌써 속으로 결심하고 있었다.

"예. 위험해요."

"예?"

예상과 다른 그의 대답에 나는 화들짝 놀라고 말았다. 위험하지 않다는 대답을 은근히 기대하고 있었던 것이다.

"위험해요, 무척."

이 사람 이상하다. 지금까지 입이 닳도록 멕시코시티를 칭찬하던 그 사람이 맞는가. 나는 놀림을 당하는 듯한 기분이 들었다. 다시 내가 말했다.

"위험한 곳에 아무리 볼 것, 즐길 것이 많으면 뭐해요? 당신은 혼자 여행해서 어땠는지 모르지만 나는 처와 딸애가 있습니다. 위험한 곳을 함부로 여행할 수는 없지요."

"그게…… 몇 가지 법칙만 지키면 위험하지 않아요."

법칙? 수학 공식을 푸는 것도 아니고 여행하면서 무슨 법칙이 필요하단 말인가. 내가 고개를 갸우뚱거리자 P가 다시 말했다.

"예를 들면, 멕시코시티에서는 6시 이전에 귀가할 것, 폭스바겐 비틀 택시는 절대로 타지 말 것, 귀중품을 가지고 다니거나 비싼 옷, 신발을 신지 말 것. 그런 것들만 지키면 되지요. 그런 몇 가지 것만 지키면 위험하지 않습니다."

그 법칙이라는 게 듣고보니 매우 세부적이고 사실적인 부분이 많았다. 역시 치안 부재의 도시였던 것이다, 멕시코시티는.

오후 6시 이후에는 노상강도가 많으니 나다니지 말라는 것이고, 폭스바겐 비틀 택시도 문이 두 짝이라 택시강도를 만났을 때 탈출할 방법이 없으니 타지 말라는 것이다. 여기저기 강도가 출몰하니 부터 나게 입지도 말고, 값비싼 물건도 지니고 있지 않는 것이 좋다. 그리고 돈을 조금은 가지고 다닐 필요가 있다. 돈이 없으면 강도에게 괜히 맞을 수도 있기 때문이다.

설명을 듣고 나는 생각했다.

'이거, 엽기적인 뉴스보다 더 묘하게 피부에 와 닿는걸.'

중남미 여행 정보를 얻으려면

중남미 여행 정보 서적도 상대적으로 적은 편이다.
멕시코, 특히 쿠바 여행 정보는 '라틴드림' 사이트에서
많이 얻을 수 있다.
정보를 얻기 위해서는 승인을 얻어야 한다.
라틴드림 latindream.co.kr

III

나는 또다시 고민에 빠졌다. 멕시코를 들르자니 강도가 무섭고, 안 들르자니 멕시코의 신비로움이 아쉬웠던 것이다. 게다가 쿠바만 달랑 보기 위해 서울에서 날아가기에는 뭔가 조금 억울했다. 우선 비행시간이 장난이 아니었다. 서울에서 LA, LA에서 멕시코시티, 다시 아바나. 갈아타는 시간까지 계산하면 비행시간만 꼬박 하루가 걸린다. 당연히 비행기 표도 무척 비싸다. 유럽에 가는 것보다 시간과 돈이 두 배 이상 든다. 쿠바만 보기 위해 날아간다는 건 뭔가 밑지는 기분이 들 수밖에 없다. 고민하고 있는 내게 P가 한 가지 제안을 했다.

"제가 멕시코시티에서 민박 할 수 있는 집을 알아봐드릴게요. 거기서 사귄 일본인 부부가 있거든요. 남편이 교도통신 기자인데 특파원이다 보니 집에 남는 방이 많아요. 저랑 친하니까 기꺼이 방을 내줄 겁니다. 그곳에 묵으면 안전해요."

귀가 솔깃한 제안이었다. 그런 식으로 편하게 여행한 적은 없지만 멕시코시티 같은 곳에서는 그렇게 하는 것이 안전할 것 같았다. 잘 알지도 못하는 여러 사람들에게 국제적으로 신세를 지는 것이 좀 미안했지만, 나는 일단 그의 제안에 따르기로 했다.

그리고 며칠 후 우리는 그 부부와 메일을 주고받았다. 남편의 이름은 '다이스케', 부인의 이름은 '사오리'. 일단 메일로 미루어 보았을 때 무척 친절하고 남을 배려해 주는 좋은 사람들 같았다. 그들은 우리가 하루에 얼마를 내야 하는지를 묻자 P의 친구는 자신의 친구이기도 하다며 숙식을 그냥 하라고 하는 것이었다. 그럴 수는 없다고 우리가 극구 사양하자 그럼 나중에 이야기하자고 했다. 또한 그들은 우리의 비행기와 도착 시간을 듣더니 공항으로 마중을 나오겠다고 했다. 도착 시간이 저녁이라 위험할지도 모른다는 것이 이유였다. 위험하다니!

아무래도 모두들 나를 겁주려고 작정을 한 것 같았다.

IV

정말 지쳤다. 이렇게 오래 비행기를 타는 짓은 다시는 하고 싶지 않았는데 결국 또 하고 말았다. LA를 거쳐 멕시코시티의 베니토 후아레스 공항에 도착한 우리 부부는 이미 여행을 다 끝낸 사람들처럼 휘청거렸다. 우리 딸 은서만 혼자 팔팔했다.

"엄마, 여기가 멕시코야? 근데 왜 밤이야? 아빠, 이제 어디로 갈 거야? 저 사람은 왜 콧수염이 웃기게 생겼어?"

계속되는 은서의 질문에 나는 피곤에 찌든 얼굴로 귀찮아했지만 아내는 잘도 받아준다. 저런 모습을 볼 때마다 생각한다. 만약 큰 재앙으로 인간이 지구에서 멸종하더라도 여자들만은 살아남을 것이라고. 왜냐하면 여자들은 강하니까. 남자들보다 끈기 있고 팔팔하니까. 힘없이 그런 상상을 하며 짐을 찾고 자동문을 통과하자 한 일본인 부부가 우리를 반겼다. 다이스케와 사오리였다.

01.
결심

 몇 년 전 파리의 마레 지구를 걷다가 한 예술서적 책방에서 재미있는 책을 발견했다. 표지에 마스크를 쓴 두 명의 프로레슬러가 그려진 『멕시코』라는 제목의 화집이었다. 책장을 넘겨보니 정체를 알 수 없는 그로테스크한 그림뿐이었는데(복면 쓴 게릴라가 수박을 들고 있는 그림, 화산 폭발이 일어나는 산 밑으로 신랑 신

부가 웃으며 뛰어가는 그림 등), 꽤 두껍고 가격이 만만치 않았지만 나는 얼른 계산한 후 책을 들고 호텔로 돌아왔다.

아내는 그 책을 잠시 뒤적이더니 작게 한숨을 쉰 후 침대 위에 책을 휙 던졌다.

그날 밤, 나는 호텔 욕실에 앉아 그림들을 자세히 들여다보았다. 묘하게도 국적과 정체, 그린 목적을 알 수 없는 그 그림들을 정의할 수 있는 단어는 단 하나뿐이었다.

'멕시코'

그때 나는 책을 덮으며 생각했다.

'언젠가는 꼭 멕시코에 가자.'

아내의 독백 02

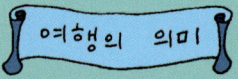
여행의 의미

초등학교 입학을 코앞에 두고, 한글도 제대로 안 뗀 딸과 함께 긴 여행을 가기로 결심했다.

02.
프로레슬링

멕시코 사람들은 프로레슬링에 열광한다(멕시코에서는 국민스포츠 프로레슬링을 '루차 리브레'라고 부른다). 어른 아이 할 것 없이 프로레슬링에 푹 빠져 있다. 게다가 특이한 점은 레슬링 선수들이 모두 마스크를 쓰고 링 위에 오른다는 것이다. 단 한 사람도 맨 얼굴로 등장하지 않는다. 제각기 다른 무늬의 마스크와 망토를 두르고 코브라 트위스트를 구사한다.

'그런 걸 좋아하다니 이상한 사람들이야' 하고 우습게 생각할지도 모르지만, 나름대로 하층민을 대표하는 '수페르바리오(슈퍼 네이버후드)'가 악당 캐릭터의 선수들을 해치우는 것을 보며 열광한다고 하니 프로레슬링의 역할도 그렇게 폄하할 일만은 아닌 것 같다.

한번은 고아원을 운영하는 한 가톨릭 신부가 고아원의 자금 문제를 해결하기 위해 마스크를 뒤집어쓰고 링 위에 오른 적이 있다고 한다. 물론 나중에 그 사실이 언론에 대서특필되었고, 고아원에 사회의 온정이 쏟아지면서 자금 문제가 해결되었다. 이쯤 되면 타이거 마스크가 따로 없다.

어째서 멕시코 사람들은 그토록 비현실적

멕시코의 프로레슬러 닥터 와그너는 "le stele non hanno eta(스타는 나이를 먹지 않는다)"라고 말했다. 그의 나이는 비밀이라고.

027

으로 보이는 스포츠에 열광하는 것일까?

아무래도 그 비밀은 마스크에 있는 것 같다. 누구나 현실의 삶이 고달프고 괴로울 때면 책상 서랍 속에 곱게 접어둔 마스크를 꺼내 쓰고, 보자기를 목에 두른 채 링 위에 오를지도 모를 일이다.

프로레슬링 관람하기
멕시코시티에서 루차 리브레를 볼 수 있는 곳은 두 군데가 있다.
금요일 밤에는 아레나 메히코,
일요일에는 토레오 데 쿠아트로 카미노스에서 경기가 열린다.

멕시코시티의 한 재래시장에서 팔고 있는 장난감 프로레슬링 마스크

1 멕시코시티 소칼로의 대주교 교구 대성당. 라틴 아메리카 최고의 종교 건물로 꼽힌다고. 2 소칼로 거리에서 뮤직박스로 모금을 하는 사람 3 아스텍 전통 의상을 입고 퍼포먼스를 하는 남자 4 대주교 교구 대성당 울타리에는 각종 장사치들이 늘어서 있는데, 주로 성스러운 물건을 팔거나 주술 서비스를 한다. 5 대주교 교구 대성당 안의 성상. 유난히 많은 성상들이 신기했다. 6 거리에서 파는 아스텍 브로마이드. 슈퍼히어로 만화에나 나올 것 같은 모습

멕시코시티의 볼거리

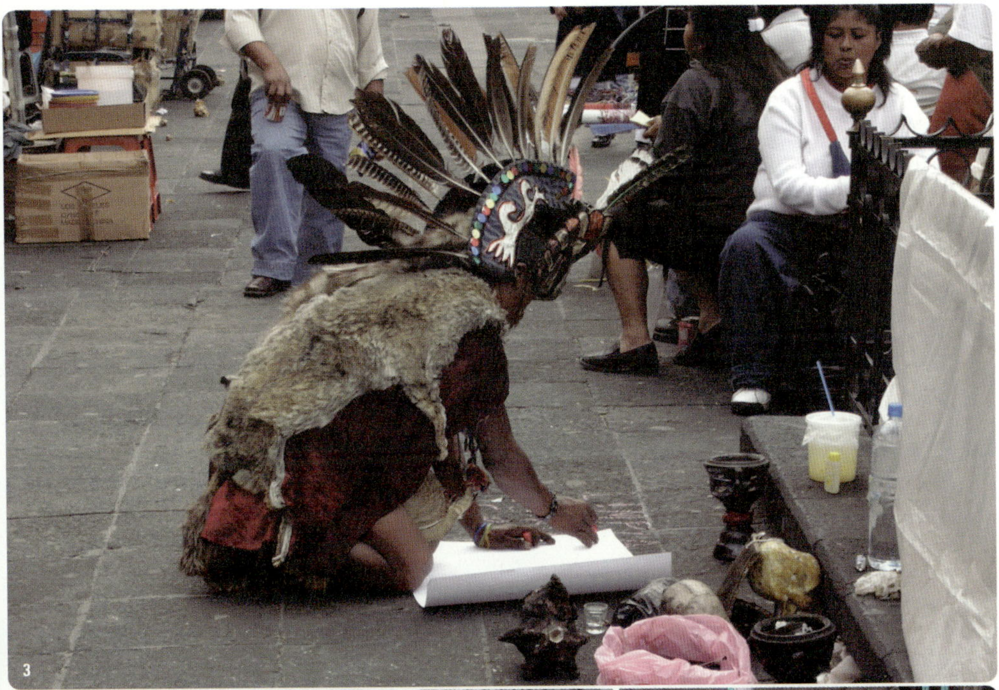
3

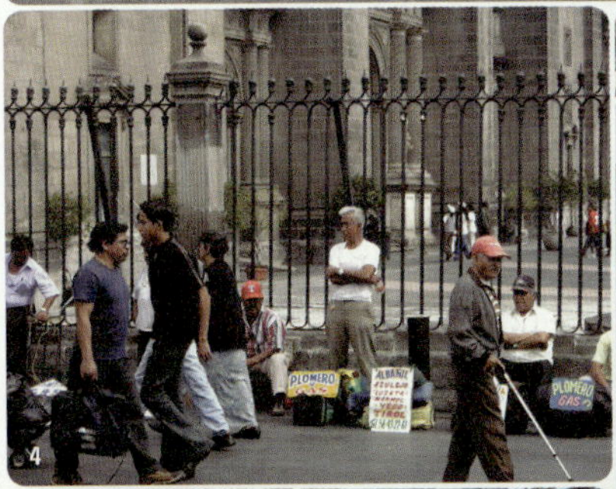
PLOMERO
PLOMERO
GAS
4

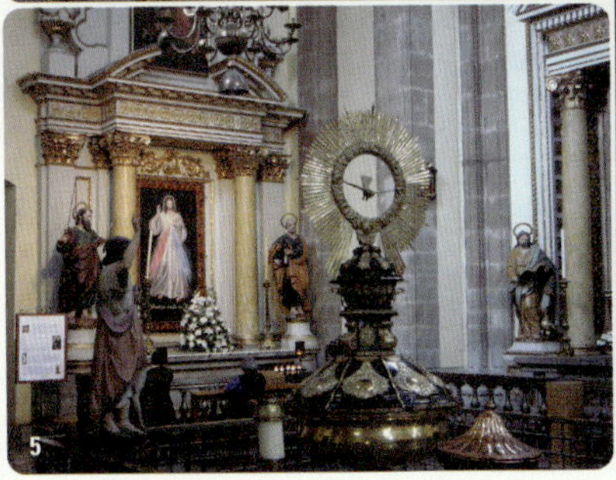
5

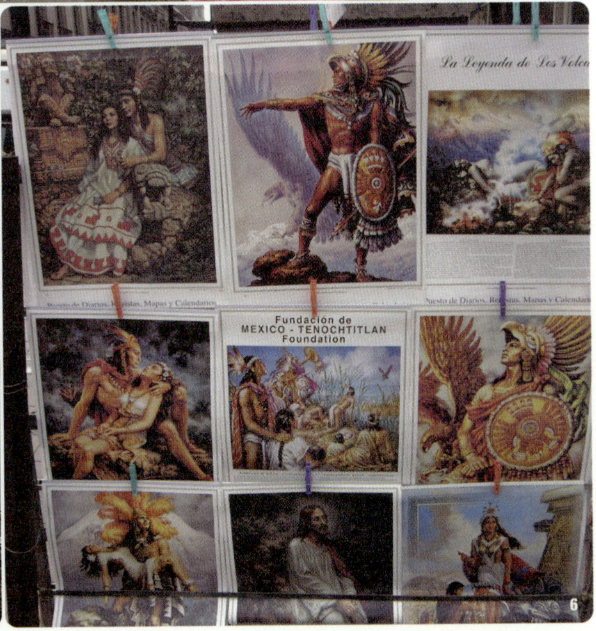
La Leyenda de Los Volca
Puesto de Diarios, Revistas, Mapas y Calendarios
Fundación de
MEXICO - TENOCHTITLAN
Foundation
6

03.
낡은 스니커즈

멕시코시티를 걷고 있으면 가장 자주 눈에 띄는 것 중 하나가 구두닦기 부스이다. 길모퉁이를 돌아 이쯤에 하나 있을 법한데 하면 정말 하나씩 있다.

바퀴 달린 상자에 푹신한 소파와 햇빛가리개용 차양이 달린 단순한 구조의 부스지만 주인의 취향에 따라 그 모양과 분위기가 조금씩 다르다.

생전 구두라고는 닦아본 적이 없지만 '이런 멋진 구두닦기의 부스라면 느긋하게 담배를 물고, 신문을 읽으며 구두를 닦아보고 싶다'라는 생각이 절로 든다.

하지만 지금 내가 신고 있는 것은 낡은 스니커즈였다. 갖고 있는 신 중 가장 낡은 것인데 마지막으로 한 번 신고 버리려고 신고 온 것이다.

사실을 고백하자면 되도록이면 가난한 여행객으로 보이려는 의도로 그 스니커즈를 신고 왔다. '설마 이런 낡은 스니커즈를 신고 있는 사람에게 강도가 덤비지는 않겠지'라고 생각했던 것이다.

역시 그 스니커즈는 강도는 물론이고 구두닦기조차 거들떠보지 않았다. 덕분에 안전하기는 했지만 부랑자 같아 보이는 것은 어쩔 수가 없었다.

더럽고 낡은 신발은 사람을 무척 초라하게 만든다.

4년 전 도쿄에서 구입한 캠퍼 스니커즈.
이번 여행으로 명을 달리했다.

04.
이탈리안 레스토랑

멕시코시티의 히스토릭 센터에서 아주 그럴듯한 이탈리안 레스토랑을 발견했다. 왠지 모르게 서울의 70년대 동네 이발소 분위기가 나는 레스토랑이다. 알루미늄 휠에 빨간색 인조가죽을 댄 의자, 싸구려 합판으로 만든 식탁. 전체적으로 낡기는 했지만 천장만은 엄청나게 높다.

어째서 나는 한 번도 와보지 않은 이곳에서 오래전 우리 동네 이발소의 모습을 떠올린 걸까. 오랜 시간이 지난 후 지구 반대편에서 말이다. 아마 우리 동네에는 더 이상 과거를 추억할 만한 것이 아무것도 남아 있지 않기 때문일 것이다.

모든 것이 낡은 멕시코시티의 이 싸구려 이탈리안 레스토랑에서 아내와 나는 에스프레소를, 딸아이는 메론맛 막대 아이스크림을 먹었다. 생각지도 못했던 멕시코시티의 풍경이 아닐 수 없다.

히스토릭 센터의 볼거리

메트로 소칼로 광장에는 대주교 교구 대성당, 국립궁전, 템플로 마요르, 그리고 대성당과 템플로 마요르 사이의 '상설 벼룩시장' 등 재미있는 볼거리가 많다.
대성당에서는 우리나라와 유럽에서 절대로 볼 수 없는 조금은 그로테스크한 가톨릭 성당의 모습을 목격할 수 있고, 국립궁전에서는 유명한 디에고 리베라의 벽화를 감상할 수 있다. 비교적 최근(1970년)에 발견했다는 아스텍 사원의 유적인 템플로 마요르도 신비스럽다.
입장료는 없지만 ID가 필요하므로 반드시 여권을 지참해야 한다.

소칼로에 있는 테노치티틀란 상상 미니어처 분수

은서의 일기

왼쪽_기나긴 비행시간에 은서와 내가 함께 그린 낙서
오른쪽_아바나의 한 카페에서 은서가 그린 엄마

커피 마시는 엄마

카페에서 아이스크림을 먹고 있는데

엄마가 자기를 그려달라고 해서 그렸다.

좀 웃기게 그려졌다.

팔이 너무 얇고 코도 이상하다.

하지만 자세히 보고 그린 그림이다.

자세히 보고 그리면 좀 웃기게 그려진다.

05.
죽은 자의 날

 멕시코에는 '죽은 자의 날'이라는 기념일이 있다. 1년에 한 번, 죽은 자들이 살아 있는 친인척들을 방문하기 위해 돌아오는 날이다. 우리 식으로 따지자면 '한식'이라고나 할까.

 11월 1일에는 아이의 영혼이, 그 다음날인 2일에는 어른의 영혼이 왔다 간다고 한다. 어째서 '죽은 자의 날'을 어린이와 어른의 날로 나눠놓은 것인지 알 수는 없다. 죽은 이들도 나이에 따라 놀고 가는 방식이 달라서인지, 아니면 산 자들을 위해 하루라도 더 축제를 핑계 삼아 춤추고 노래하게 하기 위해서인지.

 이유야 어찌되었건 '죽은 자의 날'이 돌아오면 사람들은 설탕으로 해골 인형을 만들고, 나무나 종이로 만든 해골 가면을 쓴 후 죽은 이의 사진, 갖가지 꽃과 초, 향, 음식들을 준비해 현란한 제단을 만든다. 그리고 밤이 새도록 먹고 마신다.

 멕시코의 시인 옥타비오 파스는 이런 말을 남겼다.

해골 마리아치 인형들

점토

약 6.5cm

멕시코 혁명기의 유명 판화가 포사다가 그린 '모자 쓴 해골 여인(무덤에서 나온 칼라베라 카트리나)' 그림을, 디에고 리베라가 자신의 벽화 '알라메다 센트럴에서의 일요일 오후의 꿈'에 차용했고, 나는 이렇게 그려보았다.

"멕시코는 죽음과 친하고, 죽음을 농담 삼고, 죽음을 애무하고, 죽음과 함께 자고, 죽음을 축하한다."

죽음과 그토록 친숙한 삶을 살아서인지 멕시코에는 '죽은 자의 날'이 아니더라도 1년 내내 해골이 넘쳐난다. 디에고 리베라의 벽화에도, 포사다의 판화 속에도, 공예품 시장에서도 해골이 넘쳐난다. 하지만 해골들의 표정은 생각보다 그리 어둡지 않다. 아니, 오히려 축제를 즐기는 발랄하고 행복한 모습이 대부분이다. 멕시코 사람들은 인간이라면 누구나 두려워하는 죽음과 함께 웃고 즐기며 그것을 삶의 일부로 받아들인다.

06. 피라미드에 오르다

테오티우아칸의 태양의 피라미드와 공예품을 파는 여인

다이스케와 함께 일하는 멕시코인 카를로스(내가 만난 많은 멕시칸의 이름은 카를로스였다)의 차를 타고 테오티우아칸('인간이 신이 되는 장소'라는 뜻)의 피라미드로 향했다. 한 시간 반쯤 걸려 도착했는데, 고즈넉한 평원에 거대한 피라미드 두 채만 서 있을 뿐 인적이 드물었다. 카를로스는 이곳에 손님들을 데리고 몇 번 와봤지만 이렇게 관광객이 없는 것은 처음이라고 했다. 덕분에 우리는 줄 설 필요도 없이 뒷동산을 오르듯 천천히 '태양의 피라미드'로 올랐다(다른 하나의 이름은 '달의 피라미드').

나와 아내는 248개의 계단을 오르기가 부담스러웠지만, 은서는 그림책에서만 보던 피라미드를 직접 오르게 된 것이 무척 신기했는지 힘들어하지도 않았다.

"은서야, 너 이 피라미드가 옛날에 뭐 하는 곳이었는지 아니?"

"응. 왕의 무덤 아냐?"

"아니야. 그건 이집트의 피라미드지. 멕시코의 피라미드는 사람을 죽여서 심장을 꺼낸 후 신에게 바치던 곳이었어."

말 떨어지기가 무섭게 아내가 내 팔을 꽉 붙잡았다.

"지금 또 무슨 소릴 하는 거야, 애한테?"

"아니, 난 그저 정확하게 알려주려고······."

하지만 그것은 정확한 이야기가 아니었다. 아스텍족이 피라미드 위에서 인신공양을 한 후 시체를 피라미드 아래로 던져버렸다는 것은 사실이다. 그러나 테오티우아칸의 피라미드는 아스텍족이 만든 것이 아니다. 기원전에 세워진 이 도시는 아스텍족이 도시를 건설하기 훨씬 이전에 만들어졌다고 한다.

이 도시를 건설한 사람들은 아스텍족이 아니었다. 그들은 지금 알 수 없는 다른 종족이었다. 그들에 대해서는 알려진 바가 전혀 없다. 그들의 출신, 생활 방식 그리고 어떻게 사라졌는지 아무도 모른다.

그들이 멸망한 후 아스텍족이 폐허가 된 이 도시를 발견했다. 그리고 그 거대함에 놀라 거인이 이 도시를 세웠다고 믿고 신성시했다. 오랜 시간이 지난 후 1864년부터 발굴을 시작한 이곳은 아직까지도 발굴이 진행 중이다.

테오티우아칸 가기

Mexico city, central camionera dal norte에서 매일 오전 7시에서 오후 6시까지 버스가 있다. 피라미드와 케찰코아틀 궁전 단지의 마지막 입장은 오후 5시, 박물관 입장은 오전 8시부터 오전 5시까지

테오티우아칸의 태양의 피라미드 앞에서 은서와 현경

07.
녹색 폭스바겐 택시

멕시코시티를 다녀온 사람들이 말했다.
"녹색 폭스바겐 택시는 절대로 타면 안돼!"
뭐, 입을 모아 타지 말라고 신신당부를 하는데 억지로 탈 필요는 없다고 생각하고 있었지만 이런, 택시란 택시는 거의 다 녹색 폭스바겐 택시다. 멕시코시티의 거리마다 온통 녹색 폭스바겐 택시의 물결인 것이다.
다이스케에게 그럼 폭스바겐이 아닌 다른 녹색 택시는 어떠냐고 물었더니 "글쎄, 되도록이면 녹색은 타지 마. 다른 색 택시를 타라고. 주황색이랑 흰색 택시가 있거든. 그걸 타. 그건 비교적 안전해"라고 말했다.
택시를 색깔 보고 골라 타야 하다니.
사실 폭스바겐 비틀(뉴비틀이 아니다)은 택시로는 그다지 적합하지 않다. 우선 실내가 무척 좁고, 문도 아시다시피 두 짝이다.
치명적인 두 가지 약점을 극복하기 위해 멕시코시티의 폭스바겐 택시는 운전석 옆자리의 좌석을 떼고 운행을 한다. 영 볼품없지만 다들 그러고 다니니 뭐 그러려니 할 수밖에.

한번은 사오리와 그녀의 멕시칸 친구 카를로스와 함께 택시를 탔다. 물론 폭스바겐이 아닌 것으로. 그런데 카를로스가 택시에 타자마자 문을 모조리 잠그는 것이었다. 나는 현지인과 같이 택시를 타서 나름대로 안심하고 있었는데 말이다.

"에이, 왜 그래? 넌 여기 사람이잖아. 괜히 겁주는 거지?"

하지만 그는 정색을 하고 말했다.

"강도는 내국인, 외국인 가리지 않아. 너, 거기 창문 좀 올릴래?"

나는 얼른 열었던 창문을 올렸다.

이쯤 되면 녹색 폭스바겐 택시라고 특별히 더 두려워할 필요도 없는 것 아닌가?

하지만 외국인은 물론이고 현지인들도 두려워하는 녹색 폭스바겐 택시가 여전히 거리에 넘쳐나는 것은 아무래도 미스터리다. 도대체 누가 그 택시를 타는 것일까?

멕시코시티에서의 안전

우리는 다행히 만나지 않았지만 멕시코시티에는 좀도둑과 소매치기, 강도가 정말 많다고 한다. 특히 야간에 조심해야 하는데 차를 운전할 경우에도 저녁 6시 이후는 피하는 것이 좋다고. 문제가 생겼을 경우 경찰보다는 대사관을 찾는 것이 좋다. 경찰 월급이 신통치 않아 잿밥에만 관심이 있거나 비리 경찰이 많기 때문이라고 한다.

멕시코시티의 기마 경찰. 미안한 말이지만 멕시코시티의 경찰은 절대로 믿지 말라는 현지인들의 이야기를 수도 없이 들었다.

08. 과달루페

바야돌리드의 한 가정집 앞. 멕시코에서는 일반 가정집 앞에서도 과달루페의 조상과 사진을 쉽게 발견할 수 있다.

    1519년 에스파냐의 에르난 코르테스가 아스텍을 침략했을 때 놀란 이유는 그들의 놀라운 문명 때문이었다. 그러나 더 충격적인 것은 아스텍족의 끔찍한 종교의식이었다. 하루가 멀다 하고 피라미드 위에서 인신공양을 일삼는 그들을 에스파냐인들은 악마라고 생각했다. 그리고 그것은 좋은 빌미가 되었다. 침략자들은 원주민들을 모조리 가톨릭으로 개종시켜야 한다는 의무감에 불탔던 것이다. 그러나 그것은 하루아침에 가능한 일이 아니었다. 아스텍족의 토착 신앙과 에스파냐인의 가톨릭은 하늘과 땅만큼이나 달랐기 때문이다.

    에스파냐인들이 아스텍족을 가톨릭으로 개종시키기 위해 고심하던 어느 날, 테페약의 작은 언덕에서 기적이 일어났다. 개종한 지 얼마 안된 후안 디에고라는 원주민 청년 앞에 성모가 나타난 것이다. 그 청년은 당장 교구의 대주교를 찾

과달루페의 모습을 등 전면에 문신한
한 멕시코 노동자의 뒷모습

아가 말했다.

"성모를 봤어요! 피부색이 저랑 똑같은 갈색의 성모였어요!"

대주교는 당연히 믿지 않았다. 성모가 개종한 지 얼마 안된 원주민 앞에 나타날 리가 없다는 것이 이유였다. 게다가 피부색이 원주민과 같은 성모라니, 이는 신성모독이었다. 대주교는 청년의 죄를 사하기 위해 기도했다.

그후 청년은 두 번이나 더 주교를 찾아왔다. 그는 계속해서 성모가 자신을 찾아온다고 말했다. 주교는 도대체 성모가 왜 계속 찾아오는 것이냐고 물었다.

"성모가 자신의 예배당을 지으라고 하셨어요."

그래도 주교는 믿지 않았다. 얼마 후 청년은 다시 주교를 찾아왔다. 커다란 보자기에 싼 장미를 한가득 가지고서. 그때는 장미가 필 수 없는 한겨울이었으므로 주교는 마침내 청년을 믿고 그곳에 성당을 세웠다. 1531년의 일이다.

그후 오랜 시간이 지난 1895년, 과달루페 성모가 토착 신앙의 또 다른 모습이라고 생각하고 인정하지 않았던 로마 교황은 마침내 과달루페 성모를 인정했다.

과달루페의 기적이 사실인지 아닌지는 중요하지 않다. 진정한 기적은 그 사건으로 성자의 순교 없이 전 멕시칸이 가톨릭으로 개종했다는 것이다. 원주민들이 가톨릭으로 개종한 것인지 가톨릭이 토착 신앙화된 것인지 알 수는 없지만. 그러나 그것이야말로 신인류 메스티소의 종교답다.

과달루페의 성모상은 멕시코의 어디에서나 볼 수 있다. 가정집의 현관, 시장통, 길거리, 심지어는 사람들의 지갑 속에도 과달루페의 성모상이 있다. 형형색색의 구슬로 장식되어 있고 물감으로 그려진 과달루페의 성모상을 들여다보고 있노라면 근엄한 가톨릭의 의식보다는 우리네 무속 신앙의 화려함이 떠오른다. 내 생각이 지나친 것일까?

09.
벽을 그린 남자

소칼로에 있는 국립궁전에 갔다. 유명한 '디에고 리베라의 벽화'를 보기 위해서였다. 중앙에 분수대가 있는 국립궁전은 영화 「프리다 칼로」의 무대가 되었던 곳이기도 하다.

그곳에서는 케찰코아틀, 아스텍족, 에스파냐의 침략자, 프란체스코회의 수도사, 선인장 위의 거대한 독수리, 해골, 혁명의 지도자들이 시간과 공간을 초월해 한데 어우러져 파티를 벌인다. 영웅과 악당이 함께 멕시코의 영광을 노래한다.

책 속의 그림으로만 보았던 거대한 프레스코화는 보는 이를 압도했다. 크기도 크기지만 정교하게 구성되고 그려진 그의 벽화는 들여다보면 볼수록 눈을 뗄 수가 없게 하는 화려한 벽화였다.

디에고 리베라는 시케이로스, 오로스코와 함께 멕시코 혁명기에 벽화 운동을 주도했던 화가이다. 하지만 디에고 리베라의 벽화는 마르크스주의에 경도된 두 사람의 그림과는 달리 비교적 덜 혁명적이었다. 그의 그림은 주로 그전까지 경시되어 왔던 인디오의 문화를 찬양하는 것이었다.

그들의 벽화 운동은 세계미술사에서 중요한 자리를 차지하고 있지만 반드시 긍정적인 것만은 아니다. 멕시코 혁명을 시각적으로 구현한다는 명목하에 정치가의 선전 도구로 이용되기도 했기 때문이다.

정치적인 속사정이야 어떻든 그의 벽화를 본다는 것은 그 자체로 경이로운 경험이었다. 그의 벽화를 보지 않고서는 감히 멕시코를 보았다고 말할 수 없을 정도로.

멕시코의 위대한 벽화가 디에고 리베라

1 디에고 리베라 주립 박물관의 모습. 20세기 멕시코 최고의 건축가 후안 오고르만이 디자인한 모더니즘 스타일의 건물 2 소칼로 국립궁전의 전경 3 소칼로의 국립궁전 벽화 중 일부

디에고 리베라의 벽화를 보려면

멕시코시티 곳곳에서 디에고 리베라의 벽화를 볼 수 있다.
우선 '소칼로의 국립궁전'에서는 멕시코의 파란만장한 역사를 벽화로 재현한 것을 볼 수 있고, '디에고 리베라 벽화 박물관'에서는 좀더 다양하고 화려한 그의 그림을 접할 수 있다.
규모가 작은 것도 많이 있는데 특히 '구 산 일데폰소 신학교'의 벽화가 유명하다.
가장 좋았던 곳은 '디에고 리베라 주립 박물관'인데, 이 건물은 20세기 최고의 건축가 후안 오고르만이 디에고 리베라와 프리다 칼로를 위해 1931년에 지은 쌍둥이 건물이다.

① 디에고 리베라 벽화 박물관
Colon과 plaza solidaridad 모퉁이에 위치. 메트로 hidalgo, juarez에서 하차
화요일에서 일요일 오전 10시에서 오후 6시까지

② 디에고 리베라 주립 박물관
Calle diego rivera와 altavista 거리의 모퉁이에 위치.
메트로 viveros, barranca del muerto에서 하차
화요일에서 일요일 오전 10시에서 오후 6시까지

10.
푸른집

사람들은 그녀의 집을 '푸른집'이라고 불렀다. 아스텍의 사원과 궁전처럼 푸른색으로 칠해진 높은 담장이 있는 집, '프리다 칼로'가 살던 집이다.

높고 커다란 대문을 통과하면 나무와 온갖 꽃들이 만발한 마당이 나온다. 이 거대한 도시 속의 성에서 그녀는 여사제였다. 의도적으로 고립된 생활을 한 그녀와 그 집은 점점 하나가 되었다. 직접 모은 공예품, 소라고둥, 가구와 함께 그녀는 그 집의 일부가 되었다. 그리고 그녀는 나비의 표본으로 천장이 장식된 침대에서 고치를 찢고 나비가 되었다.

프리다 칼로 뮤지엄 가기
메트로 coyoacan에서 하차
화요일 오전 10시에서 오후 5시 45분까지

1 프리다 칼로의 푸른집 앞에는 언제나 관광객들을 태운 버스가 즐비하다. 2 푸른집의 정원 돌벽. 커다란 소라 껍질이 주렁주렁 매달려 있다. 3 여자 화장실 입구의 다이어그램도 손으로 직접 그린 그림. 섬세함이 좋다. 4 집의 한구석에 놓여 있는 침상. 전통 목각인형 두 개가 한 자리씩 차지하고 있다.

은서의 일기

은서가 프리다의 푸른집을 다녀온 후 그린 멕시코 집

멕시코 집

멕시코 집들은 예쁘다.

보라색 집도 있고, 연두색 집도 있다.

가끔은 안이 보이는데, 그 안에는 꼭 예수님이나 마리아가 있었다.

나도 예쁘게 색깔을 칠하려고 했는데

그땐 색연필이 없었다.

크레용도 물감도 아무것도 없었다.

11. 피냐타

1 시장 복도에 걸려 있는 전통적인 스타일의 별 모양 피냐타 2 아이들은 주로 미국 애니메이션의 주인공 모양을 한 피냐타를 좋아한다. 3 과일 가게 위에도 미니 피냐타들이 주렁주렁

시장은 언제나 반갑다. 재래시장에 가면 그곳 사람들이 무엇을 먹고, 무엇을 입고, 어떻게 일상을 즐기며 사는지 알 수 있다. 그리고 관광객을 위한 기념품이 아닌 나만의 여행 기념품을 구할 수도 있다.

수십 종의 칠리, 콩, 향신료, 도저히 먹는 것으로는 보이지 않는 형형색색의 사탕, 각종 제수용품, 축제용 장식품, 공예품, 장난감……. 그 중에서 유난히 우리의 눈을 사로잡은 것은 '피냐타'였다.

멕시코에서는 12월 크리스마스가 가까워올 무렵 '포사다스'라는 파티를 한다. 참가자들은 촛불과 랜턴을 들고 포사다스 노래를 부르며 집집마다 돌며 파티를 벌인다. 이 파티에서 가장 중요한 것이 바로 진흙으로 만든 후 종이를 덧붙여 색을 칠한 항아리 피냐타이다.

말린 과일, 각종 사탕, 플라스틱 장난감으로 속을 채운 피냐타의 모양은 매우 다양하다. 미키마우스, 신데렐라, 스파이더맨, 스폰지 밥부터 인크리더블까지 아이들이 좋아하는 만화 캐릭터는 모두 다 있다. 그것을 천장에 매달고 눈을 가린 아이를 빙글빙글 돌린 후 그에게 막대기를 쥐어준다. 그리고 아이는 막대기로 항아리를 찾아 때린다. 그러면 그것이 깨지면서 아이들은 사탕과 장난감 세례를 받는 것이다(피냐타를 싼 종이는 악령을 상징한다고 한다. 그러니까 악령을 깨는 놀이인 것이다).

이 피냐타가 얼마나 아이들에게 인기가 있는지, 생일날에도 절대로 빠지는 법이 없다고 한다. 그래서 멕시코의 시장에는 1년 내내 토실토실한 피냐타가 주렁주렁 매달려 있다.

재래시장에 걸려 있는 만화 주인공만큼 여행객의 호기심을 자극하는 것이 또 있을까?

12.
플라스틱 장난감

멕시코에 오면 반드시 사고 싶은 것이 있었다. 바로 플라스틱 장난감이다. 멕시코까지 가서 뭐 그런 걸 사는가 싶겠지만 뭐, 그런 인간이 내 주위에는 꽤 있다.

예전에는 투박한 느낌이 나는 싸구려 장난감이라고 하면 단연 우리나라 것이 최고였다. 그런데 좋은 시절은 다 가고, 이제 그런 것들은 찾을래야 찾을 수가 없다. 장난감 가게나 시장, 문방구에 가도 그럴듯한 싸구려 장난감을 찾을 수가 없게 된 것이다. 싸구려로서의 자세가 안된, 그런 장난감투성이다. 살기 좋아지고 잘 만든 장난감이 쏟아진다고 마냥 좋은 것만은 아니다. 어릴 적 향수를 느껴보려면 인사동에라도 가야 한다.

시장통에서 딸애가 발견한 장난감 가게에는 플라스틱 장난감이 산더미처럼 쌓여 있었다. 많기는 정말 많았지만 싸구려다 보니 그 상태가 천차만별이다. 잘 고르지 않으면 잘생긴 것을 찾아내기가 수월하지만은 않다.

플라스틱으로 만든 프로레슬링 장난감. 한눈에 봐도 엉성한데 포장을 뜯으면 더 볼품없다.

주인아주머니는 딸애보다 더 심각하게 장난감의 표정을 읽으며 고르고 있는 동양 남자가 재미있는지 저쪽에서 계속 빙글빙글 웃고 있다. 한참을 고른 후 '이거 꽤 나왔겠는걸' 하며 계산했더니 우리 돈으로 1만 원.

싸구려 플라스틱 장난감이란 여러모로 흥미로운 물건이다. 인생에 큰 도움은 안 되지만.

시장에서 산 각종 플라스틱 장난감

기념품 고르기

멕시코는 인건비가 매우 싼 편이다. 그래서인지 어디서든 손이 많이 간 공예품들을 저렴한 가격에 구입할 수 있다. 물론 작가의 서명이 들어 있는 고가의 작품에 비하면 조잡하지만 산 안헬의 멕시코 전통 공예품점에서 잘 고르면 멕시코 특유의 풍취를 충분히 즐길 수 있다.
메트로 insurgentes에서 하차해 genova 거리에 있는 관광객을 위한 인포메이션을 찾으면 근처의 멕시코 전통 공예품 도매상을 소개받을 수 있다.

산 안헬의 한 공예품점에서 선물을 고르고 있는 은서

산 안헬의 공예품 가게에서 구입한 도자기 트럭과 성냥

13.
사랑의 묘약

주술용 상품의 포장지 그림만 봐도 어디에 쓰는 약인지 금세 알 수 있다. 실제로 멕시코는 문맹률이 높아서 직접적인 설명 그림이 달려 있는 경우를 어디서나 쉽게 볼 수 있다.

멕시코의 재래시장에서는 사랑의 묘약을 판다. 사랑의 묘약뿐만 아니라 사람들의 소망을 이루어주는 모든 종류의 약과 도구를 판다. 무슨 마법사 동네에 있는 시장도 아니고 그냥 평범한 재래시장일 뿐인데.

사랑에 눈뜨게 하는 기도문, 상사병 치료용 약 제조법, 연인과 영혼으로 결혼하는 초, 미운 사람을 저주하는 부적과 인형, 꿈을 이루어주는 향료, 이별한 이가 잠시 돌아왔다가 다시 떠나게 하는 약(자세하기도 해라), 좋아하는 이성의 마음을 사로잡는 비누, 삼각관계에 빠지지 않게 보호막을 쳐주는 향, 기혼의 애인이 이혼하게 만드는 기름 등 없는 것이 없다.

무엇보다 재미있는 것은 그런 도구(?)들의 사용법이 꽤나 구체적이라는 것이다. 사용법을 철저히 따르지 않으면 효과를 보기가 어렵다고 한다. 하지만 혹시 실패하더라도 상관없어 보인다. 문제를 해결하기 위한 수많은 다른 방법이 남아 있기 때문이다. 향이 안 되면 약으로, 약이 안 되면 주술로, 그것도 안 되면 부적으로.

지독히도 샤먼적이다. 이곳이 가톨릭 국가라는 게 공허하기만 하다. 하긴 성당 앞에서 신체 부문별 치료용 배지까지 파는 것을 보면(배지를 사서 아픈 부위에 붙이고 기도하면 낫는다고 한다) 이미 공인된 것일지도 모르지만.

그건 그렇고, 시장의 생선 가게에서 생선을 다듬기 전에 성호를 긋는 것을 보았다. 흠, 생선이 천국에 가게 해달라고 기도하는 것일까?

코요아칸의 풍경

1 코요아칸의 한 빌라 현관 모습. 학교에서 돌아와보니 집에 아무도 없더라는. 2 코요아칸의 한 저택 앞에 있는 천사 조각상. 도둑이 워낙 설쳐서 집집마다 방범창이 장난이 아니다. 3 커피숍 앞에서 기타를 연주하는 마리아치 4 코요아칸은 아이스크림으로 유명하다. 먹어본 결과 아이스크림이라기보다는 셔벗의 느낌이었다. 5 거리에 주차된 차 안에 있는 멍멍이 세 마리. 그 안에서 난리도 아니었다. 6 돼지껍데기 튀긴 것을 팔고 있는 노점상 7 코요아칸의 한 저택 문 옆에 붙어 있는 표식. 코요테들의 집이라고.

1 시장의 건물 벽에 다소 썰렁하게 붙어 있는 마스코트 2 한 구멍가게의 내부 모습. 이보다 더 화려한 구멍가게는 본 적이 없다. 3 시장통의 한구석 벽에 붙어 있는 손으로 그린 포스터. 자신이 응원하는 축구팀의 승리를 기원하는 그림인 듯. 4 절임류의 모양과 색도 참 다양하다. 5 현란한 색채의 사탕. 도저히 먹는 것의 색상이라고는 생각할 수 없을 정도로 화려한… 6 각양각색의 설탕과자

재래시장의 풍경

1 전통 문양을 색종이로 잘라 만든 장식이 시장의 천장에 걸려 있다.
2 재래시장의 분위기는 세계 어디를 가나 비슷하다. 묘한 동질감을 느낄 정도로.

1 한 공예점 앞에 놓여 있는 천사 인형과 은서 2 포사다의 그림에 나왔던 해골 인물들을 그대로 만들어 채색한 토기 공예품 3 시장에서 파는 공예품과는 달리 산 안헬의 공예품에는 작가의 사인이 있다. 당연히 가격도 상대적으로 비싼 편. 4 판화가 포사다의 그림에 나왔던 캐릭터를 공예품으로 재현한 작품 5 수박의 청량감을 살린 화려한 유채화 6 작은 조개껍질을 꿰어 만든 과달루페 벽걸이

산 안헬의
공예품 가게

높이 1미터 정도의 정교한 해골 장식품과 작은 해골들. 괴기스럽다기보다는 현란하고 아름답다.

14.
로스 판초스

다이스케와 사오리의 집에서 안전하고 편하게 지내는 것은 무척 좋았는데 한 가지 아쉬운 점이 있었다. 멕시코 음식을 먹을 기회가 없다는 것이다. 아침 저녁으로 꼬박꼬박 밥을 챙겨 먹고, 점심은 간단하게 때우다보니 멕시코인지 서울인지 알 수가 없을 정도였다. 그래서 슬쩍 말했더니 사오리가 점심 때 멕시칸 식당에 가자고 했다.

'로스 판초스'라는 이름의 식당은 시내의 중심가인 레포르마 근처에 있었다. 로스 판초스는 직장인들이 주로 이용하는 식당이었다. 주변에는 온통 높고 낮은 빌딩으로 가득 차 있었다. 실제로 점심시간에 그곳에 도착해보니 그 식당 안은 넥타이족투성이였다.

가게에서 파는 녹색 칠리소스

웨이터가 메뉴와 살사소스 세 가지, 칠리 피클을 먼저 가져다주었다. 우린 모처럼 제대로 된 멕시칸 음식을 먹을 수 있는 기회였기 때문에 약간 욕심을 부려보기로 했다. 회사원들이 많이 이용하는 식당이라 가격도 비싸지 않았다. 타코, 케사디야스, 엔칠라다스, 구아카몰레 콘 토토포스 그리고 돼지껍데기 튀긴 것을 시키고 맥주는 칠라타를 시켰다.

음식이 나온 후 하나둘 맛보며 그동안 내가 먹었던 멕시칸 음식이 몽땅 엉터리였다는 것을 깨달았다. 그것들은 대충 모양만 멕시칸 음식을 비슷하게 흉내낸 것이었다. 그것도 대부분 미국인들의 입맛으로 맞춘. 그건 세 가지의 살

사소스만 맛을 봐도 금세 알 수 있다.

우리는 로스 판초스의 점심을 싹 비우고 나서야 드디어 멕시코에 온 것을 실감할 수 있었다.

돼지껍데기 먹기

돼지껍데기를 먹는 나라는 우리나라뿐인 줄 알았는데 멕시코인들도 먹는다. 단, 구워 먹지 않고 튀겨서 먹는데, 모습이 흡사 뻥튀기 과자같이 생겼다. 길거리의 가판에서 비닐봉지에 든 돼지껍데기를 쉽게 구할 수 있다.

멕시코시티 거리의 가판대에 놓인 돼지껍데기 튀김

15.
판다

사오리가 차풀테펙 공원에 있는 동물원에 함께 가자고 했다. 일부러 우리를 위해 시간을 내어준 것이다. 고맙기는 했지만 가뜩이나 짧은 멕시코시티의 일정에 동물원까지 구경하는 것은 무리라고 생각했다. 그래서 미안함을 무릅쓰고 사양하려는데 은서가 나섰다.

"아빠, 동물원에 판다도 있대! 나 판다 보고 싶은데!"

아아, 하나뿐인 딸이 그렇게 말하는데 어떤 아빠가 외면할 수 있을까? 나는 금세 일정을 바꾸어 차풀테펙 동물원행을 결정했다. 딸에게 판다를 보여줘야 한다는 의무감보다는 내가 판다를 더 보고 싶었기 때문이었는지도 모른다. 이유야 어찌되었든 판다는 온 가족이 함께 구경해야 할 그런 동물이 틀림없다.

차풀테펙 공원 입구에는 대리석으로 만든 거대한 메뚜기 조각이 서 있었다. 그곳을 통과해 동물원 쪽으로 들어갔다. 이른 아침이었지만 입구 쪽 길은 온통 노점상이 자리를 차지하고 있었다. 아이스크림, 장난감, 소시지, 풍선, 솜사탕. 세계 어디를 가도 동물원 주위의 모습은 마치 약속이라도 한 것처럼 신기할 정도로 닮아 있다.

차풀테펙 동물원은 감탄이 절로 나올 정도로 디자인이 잘 되어 있었고, 관리도 잘 되고 있었다. 시설과 환경면에서 여느 동물원에 비해 빠질 것이 없었다. 온갖 식물이 흐드러진 동물원을 걷고 있자니 멕시코시티의 공기가 세계 최악이라는 것이 믿기지 않았다. 햇볕도 좋아 거의 모든 동물들이 밖으로 나와 일광욕을 하거나 놀고 있었다. 거대한 우리 안에서 어슬렁거리는 코끼리와 기린

1 도저히 살아 있는 동물이라고는 생각할 수 없는 판다의 모습 2 모래로 목욕하는 코끼리가 신기한 은서 3 도시의 고층 건물과 초현실적인 조화를 이루는 기린들

의 모습, 그 뒤로 보이는 레포르마의 빌딩은 우리의 시간과 공간을 흐트러뜨렸다. 걸으면 걸을수록 나는 동물원의 산책로 속으로 아득히 빠져드는 기분이 들었다.

"판다다!"

은서의 외침에 우리 안을 들여다보니 거대한 판다 세 마리가 흩어져서 각자 일광욕을 즐기고 있었다. 거대한 덩치에 꼼짝도 하지 않고 앉아 눈을 감고 있으

니 도무지 살아 있는 생물 같지가 않았다. 게다가 그 검정색과 흰색은 자연의 색이라고 하기에는 주변의 색과 너무나 이질적이었다.

한참을 들여다보고 있으니 살아 있는 진짜 판다라는 것을 증명이라도 하듯 엉덩이를 들썩이거나 콧구멍을 벌름거린다. 하지만 그게 전부다. 사람들이 자기들을 구경하는 것은 안중에도 없을 뿐더러 자기들끼리도 안중에 없다.

만화영화와 그림책에서나 봤던 판다를 온 가족이 함께 보았다. 날씨는 한없이 화창했고, 시간은 멈춘 것 같았다. 우리는 한참 검정색과 흰색 털을 가진 거대한 동물을 들여다보며 서 있었다.

차풀테펙

히스토릭 센터, 코요아칸과 더불어 가장 볼 것이 많은 곳이다. 국립 인류학 박물관, 루피노 타마요 박물관, 시케이로스 예술관, 현대 미술관, 차풀테펙 공원, 레포르마 거리 등이 밀집해 있다.

차풀테펙 공원을 상징하는 메뚜기 조각상

① 국립 인류학 박물관

멕시코 콜럼버스 이전 시대의 세계적 문화유산을 한눈에 볼 수 있는 곳이다.

박물관의 지붕을 혼자 받치고 있는 길이 84미터의 캐노피도 볼 만하다.

메트로 chapultepec에서 하차

undhi와 paseo de la reforma의 코너에 위치

화요일에서 일요일. 오전 9시에서 오후 7시까지

② 루피노 타마요 미술관

20세기 멕시코 최고의 작가인 루피노 타마요가 수집한 현대 회화와 조형물을 볼 수 있다.

파블로 피카소, 호안 미로, 프란시스 베이컨의 작품을 볼 수 있다.

메트로 chapultepec에서 하차

Paseo de la reforma & Gandhi 코너에 위치

화요일에서 일요일. 오전 10시에서 오후 5시 40분까지

③ 시케이로스 예술관

유명 멕시코 화가 다비드 알파로 시케이로스의 집이자 작업실이었던 곳이다.

그의 인생역정과 작품 세계가 잘 정리되어 있다.

메트로 auditorio, polanco에서 하차

Tres picos 29.

화요일에서 일요일. 오전 10시에서 오후 6시까지

④ 현대 미술관

멕시코의 20세기 미술을 한눈에 볼 수 있다.

루피노 타마요, 디에고 리베라, 다비드 알파로 시케이로스, 프리다 칼로뿐만 아니라 혁명 전후의 비주류 작품들도 다수 소장하고 있다.

메트로 chapultepec에서 하차

Paseo de la reforma & Gandhi 코너에 위치

화요일에서 일요일. 오전 10시에서 오후 5시 30분까지

⑤ 차풀테펙 공원

멕시코시티 시민들의 주말 휴식처로 공원 내에 동물원, 호수, 라이브 공연장 등이 있다.

입구에 늘어선 노점상들의 오만 가지 물건을 구경하는 것도 재미있다.

메트로 chapultepec, microbus la feria, papalote museo del nino에서 하차

월요일에서 금요일은 오전 9시에서 오후 1시, 오후 2시에서 오후 6시까지

토요일은 오전 10시에서 오후 2시, 오후 3시에서 오후 7시까지

16.
티나

　차풀테펙 공원에는 동물원만 있는 것이 아니다. 콜럼버스 이전 시대의 멕시코 문화유산을 볼 수 있는 '국립 인류학 박물관', 20세기 멕시코의 미술작품들이 전시되어 있는 '현대 미술관', 멕시코 최고의 아티스트 중 한 명인 루피노 타마요가 수집한 미술품들을 볼 수 있는 '루피노 타마요 미술관', 사회주의 벽화가로 유명한 시케이로스의 '시케이로스 미술관' 등이 있다.

　그밖에도 차풀테펙 공원과 레포르마 거리 주변에는 크고 작은 박물관과 미술관이 많이 있어서 단 며칠 내에 그것을 다 둘러본다는 것은 말 그대로 불가능했다. 우리는 마음을 비우고 산책하는 기분으로 국립 인류학 박물관과 현대 미술관 정도만 스쳐보기로 했다. 그나마도 은서에게는 강행군이었다.

　우리는 국립 인류학 박물관에서 테오티우아칸의 케찰코아틀 사원에서 가져온 유물들을 둘러본 후 점심을 먹고, 부지런히 현대 미술관으로 향했다. 현대 미술관으로 가는 차풀테펙 공원의 담장에는 20세기 초반의 멕시코시티 사진들이 전시되어 있었다. 대부분이 멕시코 혁명기의 사진이었다.

　담장의 모양과 걸려 있는 사진들의 풍경이 파리의 뤽상부르 공원의 그것과 흡사하다. 딸애를 업고 아내와 함께 천천히 흑백사진을 감상하며 걷다가 익숙한 사진을 발견했다. 티나 모도티의 '신문을 읽고 있는 멕시코 농부들'이라는 사진이었다.

　자신과는 아무런 연고가 없는 멕시코에서 불의에 맞서 투쟁한 여인, 정의를 위해 예술을 포기한 천재라고 불리는 티나 모도티의 사진을 보니 문득 미술관

을 찾아다니며 주마간산走馬看山으로 작품을 감상하는 것이 부질없다고 느껴졌다. 그녀의 파란만장한 인생을 조금이라도 알고 그녀의 사진 앞에 문득 서게 되면 누구나 그런 생각이 들 것이다.

정의를 위해 예술을 포기하고 죽어간 그녀에게 파블로 네루다는 이런 헌사를 바쳤다.

> 누이여, 세상은 누이가 가고 있는 곳으로 발전하고 있습니다.
> 누이가 부르는 노래가 누이가 사랑했던 입에서 날마다 흘러나오고 있습니다.
> 누이는 참으로 용감한 마음의 소유자였습니다.

문득 그녀가 찍은 장미 사진이 보고 싶다.

티나 모도티

1896년 이탈리아 태생인 티나 모도티는 미국으로 이민을 갔다.
가난했던 그녀는 여러 가지 직업을 전전했는데 연극배우, 영화배우로 일을 하며 많은 예술가들과 친분을 쌓았다. 사진가 에드워드 웨스턴을 만나 조수로 일하면서 사진을 배웠다.
웨스턴과 함께 멕시코를 방문한 그녀는 사회주의 단체에 가입해 정치 활동을 시작했다.
그후 정치적 문제로 멕시코에서 추방당한 그녀는 러시아에 정착해 스탈린의 비밀첩보원으로 일하며 여러 나라를 떠돌다 결국 1942년 멕시코에서 살해당했다.
티나 모도티는 자신의 사회주의적 이상을 상징주의적이고 심미적으로 표현해 높은 평가를 받고 있다.

차풀테펙 공원 담장에 전시되어 있는, 티나가 찍은 멕시코 노동자들의 모습

17.
워리 달

　코요아칸은 참 편안한 곳이다. 멕시코 식민시대의 낮은 스페인식 건물이 잘 보존되어 있고, 주말이면 공예품 시장이 서는 산 안헬까지 연결된 길은 아름다운 가로수와 주택이 늘어서 있어 산책하기에 더없이 좋다. 게다가 작은 미술관, 박물관, 레스토랑, 상점도 가득해 우리 같은 여행객이 멕시코시티 안에서 멕시코의 풍취를 느낄 수 있는 거의 유일한 곳이기도 하다.

　다이스케의 집에서 코요아칸까지는 20분 정도 걸으면 되는 거리여서 더 좋았다. 코요아칸의 중심에 있는 이달고 광장 근처의 아이스크림 가게에서 아이스크림을 사들고(코요아칸은 아이스크림으로도 유명하다), 각종 멕시코 전통 음식을 파는 천막과 인형 따는 게임을 하는 화려한 천막을 구경했다. 생전 처음 보는 멕시코의 음식과 놀이를 들여다보는 딸애는 그것이 그저 신기하게 느껴졌나 보다.

　한참을 둘러보던 아내와 은서는 거리의 잡화점에 서서 무언가를 한참 고르더니 동전을 꺼내 노란색으로 된 작은 나무상자를 샀다. 상자를 열자 손톱 크기의 작은 인형들과 작은 쪽지 설명서

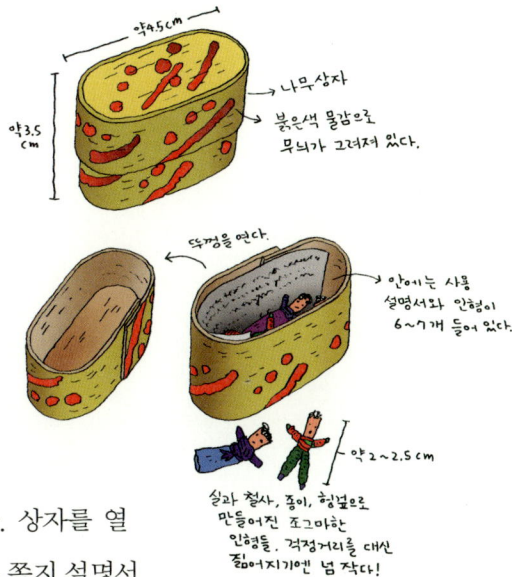

가 들어 있었다. 설명서에 따르면 이 작은 인형들은 과테말라에서 온 고민을 덜어주는 인형이라고 한다. 잠들기 전에 이 인형에게 자신의 고민을 말한 후 베개 밑에 놓으면 걱정 없이 편안한 잠을 잘 수 있다고 한다. 인형이 걱정과 고민을 대신해주는 것이다. 다시 한번 못 말리는 샤머니즘에 고개를 갸웃거리면서도 한편으로 꽤 애교가 있다는 생각이 들었다.

나중에 뉴스의 해외토픽란을 통해 알게 된 것인데, 북미에서는 과테말라 고산 지대 인디언의 '걱정을 덜어주는 인형'을 교육용으로 적극 활용하고 있다고 한다. 아이들이 자신의 고민이나 문제를 인형에게 쉽게 고백해 교사들이 그들의 고민과 심리를 파악할 수 있어 아이들을 더욱 깊이 이해할 수 있는 교재로 사용된다는 것이다.

'워리 달Worry doll'이 어른 아이 할 것 없이 정말로 걱정을 덜어주는 인형이 되었으니 단순히 샤먼이라고 흉볼 일도 아니다.

이달고 광장

이달고 광장은 둘러보는 것만으로도 멕시코 식민시대의 정취를 한껏 느낄 수 있는 고풍스런 곳이다.

이달고 광장에 있는 에르난 코르테스(스페인의 정복자)의 집을 중심으로 아름다운 라 콘치타 광장, 프리다 칼로 기념관, 레온 트로츠키 기념관 등이 볼거리이다.

메트로 miguel angel de quevedo에서 하차해
Avenida Francisco sosa로 15분 거리

이달고 광장 앞에는 코르테스의 집이 있다.

18.
헌 책방에서

산 안헬에 있는 멕시코 전통 공예품점을 둘러보았다. 아름다운 공예품 때문에 숨이 막힐 것만 같았다. 세상의 어느 곳에서도 볼 수 없는 색감과 모양을 가진 크고 작은 장식품은 우리를 압도했고, 도저히 발길이 떨어지지 않을 정도였다. 덕분에 우리는 해질 무렵까지 그곳에 있었다. 상점의 주인과 직원들은 다 이해한다는 눈치였다. 누구나 한번 자신들의 가게에 들어서면 그렇게 오래, 아주 오랫동안 나갈 수가 없다는 것을.

그렇게 한참 동안 공예품점을 둘러본 후 다이스케와 사오리의 집으로 돌아오며 지하철 역 근처를 지나다 익숙하고 친근한 냄새를 맡았다.

"아, 이 냄새는…… 헌 책방이다!"

헌 책방이 죽 늘어서 있는 거리였다. 그러고 보니 멕시코 시티에서는 그럴듯한 책방을 본 기억이 없다. 유일하게 책방을 본 곳이 코요아칸이었는데 책방의 규모에 비해 책이 그리 다양해 보이지

책방, 가판에 이런 제임스 본드풍의 도장한 B급 만화책들이 산처럼 쌓여 있다. 단, 새 책은 없고 모두 헌책이다.

멕시코시티의 헌 책방에서 구한
'피노키오의 모험'
인쇄돠 장정이 고족스러워 샀는데
스페인어로 되어있다.
(22.5 × 29 cm)

는 않았다(어쩌면 스페인어를 전혀 이해 못하는 내게 그렇게 보인 것일지도 모르겠다).

저녁 때가 되어 배가 고픈데도 주린 배를 움켜쥐고 우리는 헌 책을 구경했다. 아내와 딸애는 중국의 전래동화를 번역한 그림책을 넘겨보느라 정신이 없었고(이상하게도 보급판 어린이 그림책은 모조리 출판 시기가 모호한 중국산 동화였다), 나는 그림이 비교적 많이 있는 오래된 예술 잡지를 이것저것 넘겨보았다.

셋이서 자신이 사고 싶은 책들을 주섬주섬 모아 사들고 다이스케의 집으로 향했다. 비닐봉투에 들어 있는 낡은 그림책 덕분에 배고픈 것도 잠시 잊고 있던 우리는 발걸음을 재촉했다.

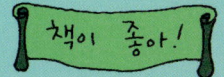

아내의 독백 03

책이 좋아!

"책"이라면 사족을 못 쓰는 남편. 책방 주인이 되었다면 더 행복했을라나?

19.
카페 카크니

각양각색의 의자가 재미있는 카페 카크니

　점심 때가 지날 무렵 우리는 코요아칸의 산 후안 바우티스타 교회 뒷담길을 걷고 있었다. 유난히 태양이 뜨거운 날이었다. 그때 한눈에 카페라는 것을 알 수 있는 마크가 눈에 띄었다.
　특별히 입구랄 것도 없이 열린 구조로 되어 있는 카페여서 에어컨 같은 것은 기대할 수도 없었다. 하지만 그런 것과 상관없이 우리를 끌어들인 것은 그 카페의 독특한 인테리어였다. 우선 단 한 개도 같은 모양으로 생긴 테이블과 의자가 없는 것이 독특했다. 벽에는 온통 폐품으로 만든 듯한 조금은 치기 어린 작품들이 걸려 있었다. 현대 미술 작품인듯 보이면서도 멕시코풍의 키치를 지닌, 그런 작품이었다. 갤러리를 구경하듯 흥미롭게 카페 안을 둘러보는 우리에게 주인으로 보이는 키 큰 남자가 메뉴를 들고 와 주문을 받는다. 코로나를 달라고 했더니 주류는 없다고 한다. 그러고는 오늘은 싱싱한 과일이 많다며 생과일 주스를 추천한다.

정말 싱싱한 과일을 갈아 만든 맛 좋은 주스였지만 결국 다 마시지 못했다. 양이 무척 많았기 때문이다.

계산을 하고 나가는 우리에게 주인은 선물이라며 플라스틱으로 만든 물통 세 개를 주었다. 좋은 여행 되라는 말도 잊지 않았다. 자신이 손수 만든 카페를 보고 즐거워하는 손님에게 무언가 기념할 만한 것을 주고 싶었던 모양이다.

짧은 시간 동안 주인과 손님으로 스치듯 만났지만 그 카페 주인의 모습이 유난히 기억에 남는 것은 선물로 준 물통 때문이 아니다. 조금은 괴상한 카페를 만들어 장사를 하는 현지 사람과 아무렇지도 않게 그런 카페에 들어가 즐거워하는 관광객 사이에는 묘한 연대감이 흐르기 때문이다. 그런 것은 서로 이야기하지 않아도 누구나 알 수 있는 것이다.

카페 카크니의 다이어그램 간판

20.
아디오스

1 친구들 모두 함께 가라오케 분위기 2 졸린 은서는 종이에 가면을 그려 시위중 3 다이스케는 열렬한 비틀즈 마니아다. 비틀즈의 노래를 함께 부르는 친구들

    멕시코시티에서의 마지막 날이 다가오자 다이스케와 사오리가 파티를 하자고 했다. 가뜩이나 잔뜩 신세를 져 그렇게까지 하지 않아도 된다고 했더니, 우리 때문이 아니라 원래 멕시코에서는 금요일 밤에 가까운 친구들의 집을 돌며 파티를 한다고 한다.

    "아, 그런데 우린 금요일 아침에 떠나."

    "어? 토요일 아침까지 있는 거 아니었어?"

    "아니. 금요일 아침에 칸쿤행 비행기를 탈거야."

    다이스케와 사오리는 난감한 표정을 지으며 포기하는가 싶더니 저녁식사 때 다시 이야기를 꺼냈다.

"있잖아, 이번 주에는 파티를 목요일 밤에 할 거야."

그렇게 파티 날짜를 마구 바꾸면서 우리를 위해 하는 파티가 아니라니.

다이스케와 사오리는 친구가 무척 많았다. 일본인 친구는 물론 우리나라 사람, 멕시코 사람, 중국 사람까지.

무척 유쾌한 밤이었다. 그곳에서는 국적과 직업에 관계없이 모두가 친구였다. 각자 집에서 만들어온 엄청난 양의 각국 음식을 먹고, 역시 엄청난 양의 데낄라를 마셨다. 그리고 마리아치와 살사 리듬에 맞추어 모두 함께 춤을 추었다. 행복하고 유쾌한 밤이었다.

다음날 아침 일찍 우리는 친구들과 작별을 하고 공항으로 향했다. 모두 며칠 전에 알게 된 사람들이었지만 오랜 친구와 헤어지는 듯한 기분이 들었다.

그들을 다시 만날 수 있을까?

사람의 인연이란 알 수가 없다. 하지만 그들을 평생 잊지 못할 것이다. 멕시코시티의 알 수 없는 공포와 신비로움, 현란한 색과 아름다운 거리, 그리고 우리를 따뜻하게 맞이해준 그 친구들을.

데낄라

멕시코에서는 마실 것에 주의해야 한다. 특히 수돗물은 절대로 마시지 말 것. 멕시코를 대표하는 술인 데낄라는 데낄라 시를 중심으로 제한된 지역에서만 용설란 즙을 증류시켜 만든다. 데낄라는 고대 멕시코인들이 마셨던 '풀케Pulque'라는 술에서 유래되었다고.

데낄라에는 세 가지 종류가 있는데 블란코(화이트, 깨끗하고 무색), 레포사도(호박색, 오크통에서 1년 숙성)와 아녜호(호박색, 오크통에서 3년 숙성), 메스칼 콘 구사노(알코올 성분이 충분한 것을 증명하기 위해 쐐기 벌레를 넣는다)가 있다.

21.
칸쿤

프랑스 남부 해안부터 지중해를 따라 이탈리아의 북부 해안까지, 사람들은 해안을 따라 휴양지가 목걸이처럼 줄지어 있는 그곳을 '리비에라'라고 부른다. 리비에라는 '목걸이'라는 뜻이다. 신대륙에 도착한 유럽인들은 멕시코의 칸쿤을 보고 '마야의 리비에라'라고 이름 붙였다. 지중해의 그곳과 비교할 만큼 아름다운 풍경을 자랑한다는 뜻에서였다.

칸쿤 공항의 공기는 멕시코시티의 그것과는 사뭇 달랐다. 따뜻하고 청량한 공기. 그것은 서울과 제주도의 공기만큼 다르다. 실제로 각종 매연이 기관지를 자극하지 않을 뿐만 아니라 시각적으로도 그렇다. 그리고 심리적으로도. 이제는 각종 범죄의 소굴(?)인 멕시코시티를 완전히 벗어난 것이니까. 실제로 멕시코시티에서는 거리를 다닐 때 감각의 30퍼센트는 주변을 경계하는 데 썼다. 아내와 딸이 있으니 겉으로는 태연한 척 잘도 쏘다녔지만 실은 그렇지 않았다. 범죄로 악명 높은 도시를 여러 군데 가보았지만 이번만큼 줄곧 긴장을 늦추

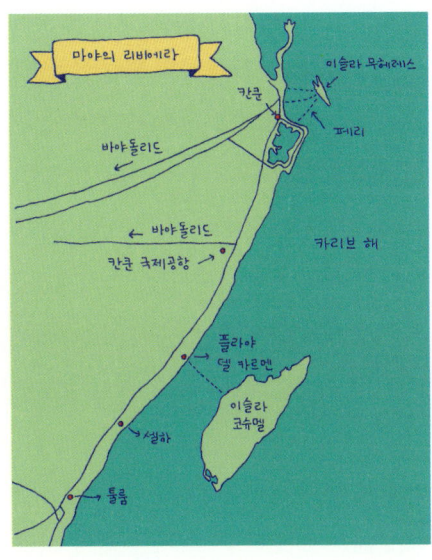

지 않고 여행한 적은 없었다. 언제 다시 갈지 모를 중미의 가장 큰 도시를 나는 그런 식으로 보고 만 것이다. 결코 멕시코시티의 모습을 제대로 보았다고는 말할 수 없을 만큼.

하지만 한편으로는 하는 수 없지 않은가 하는 생각도 든다. 어차피 잠깐 스쳐가며 한 도시의 모든 것을 이해한다는 것은 불가능하다. 어쩌면 한평생 한 도시에 살면서도 마찬가지라고 생각한다. 이해한다고? 나는 내가 살고 있는 도시에 대해 얼마만큼이나 알고 있을까?

어쩌면 어느 도시를 여행한다는 것은 이미 오래 전에 자신의 뇌수 속에 추상적으로 그려진, 그곳에 대한 자신의 관념 속 도시를 그저 시각적으로 확인하는 것인지도 모른다. 결국 여행 후 남는 것은 그 도시에 대한 더 깊어진 오해일지도. 그리고 어쩌면 그런 판타지 때문에 여행을 떠나는 것일지도.

멕시코의 수많은 도시 중 칸쿤을 택해 들른 것은 쿠바의 아바나를 향해 가는 중간이었기 때문이다. 지도상으로 중간은 아니지만 쿠바에서 가장 가까운 멕시코의 도시가 칸쿤인 것은 틀림없다. 이번 여행을 준비하기 전에는 칸쿤이라는 도시의 이름을 들어본 적도 없었다. 도착해보니 이 도시는 멕시코지만 멕시코가 아니었다. 분명 멕시코 유카탄 반도의 도시지만 미국의 도시 같았다. 꽤 오래 전부터 이곳은 미국인들이 점령했던 것이다. 휴양지로서.

마야의 리비에라에는 세계적인 최고급 호텔 체인이 즐비하다. 어디서나 영어가 통하고 달러를 사용할 수 있다. 관광객들의 90퍼센트 이상이 미국인이다. 이 도시는 애당초 관광산업으로 일어난 도시이므로 모든 것은 여행객을 위해 존재한다고 볼 수 있다. 그러니 칸쿤을 과연 멕시코인들의 도시라고 불러야 하는가라는 의문이 생길 정도이다.

스쳐가는 곳이지만 이곳에서의 짧은 시간 동안 무엇을 할까 나름대로 고민을 해보았더니 이런, 의외로 하고 싶은 일들이 많았다. 우선 유명한 마야의 해변을 온몸으로 느껴야 할테고, 해양 공원과 마야의 유적도 둘러봐야 한다. 그래도 시간이 남으면 유카탄의 다른 대도시, 즉 메리다, 욱스말, 체투말, 캄페체 같은 유서 깊은 도시도 한 번쯤 봐야 하지 않겠는가.

아, 가장 중요한 것을 잊었다. 우리는 이곳에서 아바나행 비행기 표도 구해야 한다. 서울의 중남미 여행사 직원은 우리가 쿠바 비자와 비행기 표를 구한다고 말하자 현지에서 구하는 것이 훨씬 저렴하다며 칸쿤을 추천해주었다. 우리는 일단 비행기 표를 구하기로 하고 나머지는 그후에 스케줄을 짜보기로 했다.

쿠바 여행을 하려면

당연한 이야기지만 서울에서 쿠바까지 가려면 북미를 거치는 수밖에 없다.
여행사를 통해 쿠바행 비행기 표를 구입할 수 있지만 가격과 수수료를 감안할 때 쿠바만 여행하기 위해 서울에서 비행기 표를 구입하는 것은 아무래도 타산이 맞지 않는다.
우리는 멕시코 칸쿤에서 쿠바 아바나행 비행기 표를 구하기로 했다. 하지만 이곳은 워낙 크고 작은 여행사가 난립하는 곳이어서 여행사를 통하지 않고 곧바로 항공사를 찾아 호텔 팩 왕복 비행기 표를 구입했다.
칸쿤의 쿠바나 항공 주소는 아래와 같다.

Homero no. 613, col. Polanco, mexico, D.F
Tel : 5252-6355
e-mail : reservaciones1@solyson.com.mx
temistocles no. 246, col. Polanco, mexico, D.F
tel : 5545-8215
e-mail : reservaciones3@solyson.com.mx

22.
해변을 걷다

카리브 해의 유난히 하얗고 고운 모래를 밟고 선 아내와 딸. 신기하게도 태양은 뜨겁지만 모래사장은 뜨겁지 않았다.

쿠바 비자와 아바나행 비행기 표를 구하는 것은 의외로 쉬운 일이었다. 우리가 투숙하고 있는 호텔에서 두 블록 떨어진 곳에 쿠반 에어 사무실이 있었기 때문이다.

놀랍게도 쿠반 에어 사무실은 10평도 채 안 되는 좁은 공간에 책상 세 개가 나란히 붙어 있는 아주 작은 곳이었다. 책상 위에는 닳아빠진 쿠바 국기가 세워져 있었고, 다섯 명 정도의 직원이 쿠반 에어 유니폼을 입고 분주히 전화 상담을 하고 있었다. 여행자가 이곳을 직접 찾아오는 경우는 거의 없는 듯 했다. 특별히 지저분하거나 괴상한 것은 아니었지만 어딘지 모르게 궁색함이 느껴지는 그런 사무실이었다. 깔끔하게 단장한 아가씨의 살짝 나간 스타킹이랄까, 그런 느낌이었다.

한 시간가량 걸려 비자와 비행기 표를 받았는데 듣던 대로 비자가 여권과 따로 분리되어 있었다. 비자를 여권에 붙이지 않는 이유는 쿠바와 수교가 없는 나라의 관광객을 위한 배려라고 한다. 미국이나 우리나라 관광객들은 자기 나라의 기관에 조사를 당할 수도 있으니.

비행기 표와 비자를 구해 그곳을 나오자 갑자기 할 일이 없어진 기분이었다.

"이젠 뭐 하지?"

"글쎄, 뭘 할까?"

"아빠! 바다에 가자! 바다! 바다!"

우리가 묵는 호텔은 해변에서 차로 15분 정도 떨어진 곳이었다. 깨끗하고 수영장과 각종 편의시설이 있는 중상급 호텔이었다. 하지만 칸쿤 해변이 멀다는 이유 하나로 요금이 비교적 저렴했다. 해변의 호텔들은 상당히 비싼 편이었다. 우리는 굳이 그런 곳에 묵을 이유가 없다고 생각했다. 하지만 은서는 그게 좀 아쉬웠나 보다.

"은서야. 쿠바에 다녀와서 칸쿤 근처의 작은 섬에 며칠 들를거야. 그때는 바다 근처의 호텔로 잡자. 응?"

대신 우리는 은서에게 바다를 보여주기 위해 곧장 해변행 버스에 올랐다.

해변은 관광객으로 바글거렸다. 마야의 바다, 세계 최고의 휴양지. 그러나 첫인상치고는 그리 특별하지 않았다. 그저 미국인 관광객이 득실거리는 해변일 뿐이었다. 그렇지만 오후에 택시를 타고 칸쿤의 중심 해변에 도착했을 때 왜 이곳이 그토록 아름답다고 알려진 해변인지 잘 알 수 있었다. 하지만 그런 멋진

카리브 해변을 산책하다

해변 앞에는 어김없이 일급 호텔이 줄지어 우뚝 서 있었다. 그렇기 때문에 이곳에서 최고의 해변을 보려면 일급 호텔 앞의 해변을 찾으면 된다.

우리는 호텔이 즐비한 마야의 해변을 따라 한 시간이 넘게 걸었다. 해수욕을 하기에는 바람이 많이 불어 파도가 몹시 높았다. 태양은 뜨거웠지만 백사장은 신기하게도 차가웠다. 발가락 사이로 스며드는 모래알의 섬세함이 새삼스러웠다.

나는 눈을 감고 카리브 해를 향해 섰다. 칸쿤 시내에서 산 솜브레로가 바람에 날아가 버릴 것만 같다. 바람이 양쪽 귀의 날개를 흔든다. 눈을 뜨면 바다가 나를 향해 쏟아진다. 어떤 곳에서도 본 적이 없는 바다색이다. 나는 다시 아내와 딸을 좇아 걷는다. 어제와 내일을 잊은 시간이었다.

멕시코 전통 의상을 입은 사람들. 남자가 쓰고 있는 모자가 멕시코 전통 모자인 솜브레로

칸쿤의 호텔

칸쿤은 미국 사람들의 휴양지다. 어디서나 영어가 통하고, 달러도 받는다. 멕시코의 다른 지역에 비해 상대적으로 물가도 비싸다. 칸쿤에서 묵으려면 호텔 예약은 필수. 초호화 호텔부터 여관급까지 다양하니 『론리 플래닛』 같은 전문 여행서를 참고해 자신의 예산과 맞추어 예약하는 것이 좋다.
참고로 '마야의 리비에라'를 따라 늘어선 장성급 호텔은 상상을 초월하는 가격이고, 칸쿤 시내 쪽의 호텔들은 규모나 고급스러움에 비해 무척 저렴한 편이다.

해안을 따라 특급 호텔들이 즐비한 칸쿤

1 기타를 튕기는 인어 도자기 인형 2 다양한 악마의 얼굴 가면
3 전구를 삽입해 불이 들어오는, 채색한 도자기 촛대

칸쿤의 공예박물관

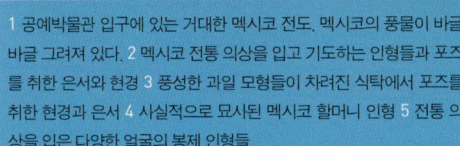

1 공예박물관 입구에 있는 거대한 멕시코 전도. 멕시코의 풍물이 바글바글 그려져 있다. 2 멕시코 전통 의상을 입고 기도하는 인형들과 포즈를 취한 은서와 현경 3 풍성한 과일 모형들이 차려진 식탁에서 포즈를 취한 현경과 은서 4 사실적으로 묘사된 멕시코 할머니 인형 5 전통 의상을 입은 다양한 얼굴의 봉제 인형들

23.
야간비행

　나는 갑자기 뭔가에 꽂히면 놀라울 정도의 집요함을 보이기도 한다. 마치 평소에 헐렁헐렁하게 사는 것은 다 이럴 때를 위해서라는 듯 집요하고도 치밀하게 뭔가에 집착한다. 이번에는 아바나행 비행기를 타기 전 이틀을 어떻게 잘 보낼 것인지에 대해 불타올랐다. 그리고 제멋대로 결정했다. 아내는 내가 이렇게 혼자 열을 올릴 때면 전혀 간섭을 하지 않는데, 아마도 옆에서 말려봤자 소용없다는 것을 경험으로 이미 알고 있기 때문일 것이다.

　우선 하루는 패키지 투어에 참여하기로 했다. 그런 종류의 패키지라면 평소에 치를 떨 정도로 혐오한다고 떠들고 다니는 주제에 아무렇지도 않은 듯 호텔 로비의 팸플릿을 보고 하나를 골라 결정했다. 아주 저렴한 하루짜리 코스로 '셀하Xel-ha'라는 해양 공원에서 반나절을 보낸 후 '툴룸Tulum'이라는 고대 마야의 유적지를 둘러보는 코스이다. 그렇게 하루를 보낸 후 나머지 하루는 차를 빌려 우리끼리 치첸이트사에 다녀오기로 했다. 자유롭게 차를 빌려 다닐 수 있으니 더없이 즐거울 것이다. 문제가 있다면 내가 운전을 못해 아내가 종일 운전을 해야 한다는 것과 운전을 해야 할 아내가 운전할 때 쓰는 안경을 집에 두고 왔다는 정도랄까.

　첫째 날, 저렴한 패키지 코스를 선택한 다른 관광객 십여 명과 아침 일찍 버스를 타고 남쪽 해안에 있는 셀하로 향했다. 우리에게 표를 판 여행사 직원의 말과는 달리 가이드는 영어로 설명을 시작했다. 저렴한 코스라 스페인어로만

1 셀하의 산책로. 각종 나무가 빼곡히 들어차 있는 오솔길이다. 2 알록 달록한 색상의 앵무새들이 아무렇지도 않게 나무 위에 앉아 있다. 3 커 다란 도마뱀도 어슬렁거리며 돌아다닌다. 4 괴상한 언어로 속삭이는 앵무새들 5 해먹에 벌렁 누워 좋아하는 은서

설명할 것이라 했는데 의외였다. 하지만 그렇다고 대단한 설명을 들은 건 아니었다. 반은 마야의 역사가 얼마나 대단한 것인가에 관한 가이드북에나 나오는 진부한 내용이었고, 나머지 반은 대부분의 관광 가이드가 직업적으로 던지는 그저 그런 농담이었다.

두 시간 정도 걸려 도착한 셀하는 말 그대로 잘 정돈된 해양 공원이었다. 스노클링 장비를 빌려 열대어와 수영을 하고 단체로 돌고래를 만지며 노는 곳이었다. 너무나 잘 정돈되고 관리되어 관광객을 위한 놀이공원 노릇은 톡톡히 했지만 그게 전부였다. 기념품과 음식을 파는 데만 너무 열심이라 환경이 어쩌고, 생태가 어쩌고, 하는 소리가 공허하게 들렸다. 디즈니랜드에 가서 유럽의 풍광을 찾는 꼴이랄까. 거의 유일하게 우리 가족이 즐긴 것은 야자수에 걸려 있는 해먹 정도였다. 나무와 나무 사이에 걸어놓은 그물 침대일 뿐인데 거기 누워 흔들고 있으니 천국이 따로 없었다. 아내와 딸아이는 해먹 위에서 한참 나른하게 졸더니 돌아갈 때 반드시 원주민들이 파는 해먹을 사가자고 나를 졸랐다. 사서 돌아가봤자 우리 집에는 야자수는커녕 마당도 없는데 말이다.

늦은 오후에 찾은 툴룸은 그나마 훨씬 볼 만했다. 카리브 해를 향해 날카로운 절벽 위에 세워진 마야의 사원은 더없이 신비롭고 경이로운 모습이었다. 유적지를 찾은 전형적인 관광객들처럼 설명을 들으며 졸졸 가이드의 꽁무니를 따르던 우리는 더 이상 가이드를 따라 걷지 않기로 했다. 그곳은 설명이 필요 없는 곳이었기 때문이다. 계속 가이드의 장황한 설명을 듣고 있으면 그 신비로움이 눈앞에서 사라질 것만 같았다.

이튿날 아침, 우리는 빌린 도요타를 타고 치첸이트사로 향했다. 우리끼리 낯선 신세계의 고속도로를 달리는 것이 다소 걱정되기는 했지만 멕시코시티에서 강도를 만날까 봐 가슴 졸였던 것에 비하면 이건 새발의 피였다. 물론 나는 조수석에 앉았다. 그리고 뻔뻔하게 서울에서 하던 대로 인간 네비게이터 노릇을 했다.

"다음 삼거리에서 우회전, 그리고 메리다 방향으로 계속 직진!"

하지만 길은 인간 네비게이터가 쓸모없을 만큼 단순했다. 그저 이정표를 보고 달리면 되는 것이다. 고속도로에 진입하자 평지에 직선으로 잘 닦인 길이 나왔다. 평지라서 지평선을 기대했지만 길 양쪽으로 열대의 나무가 즐비해 아무것도 볼 수가 없었다. 게다가 길 위에도 가끔 보이는 관광버스 외에는 아무것도 달리고 있지 않았다. 아내가 안경을 두고온 것도 크게 문제 될 게 없었다. 그저 드문드문 보이는 도로 위에 납작하게 눌린 알 수 없는 동물의 사체死體만 피하면 되었다. 우리는 속도를 즐기며 드라이브를 시작했고 은서는 이내 잠이 들었다.

"은서야! 일어나! 다 왔어!"

생각보다 빨리 치첸이트사에 도착했다. 뻥 뚫린 고속도로를 전속력으로 달렸으니 당연한 일이었다.

오는 길에는 차 한 대 보기가 힘들었는데 어찌된 일인지 치첸이트사의 주

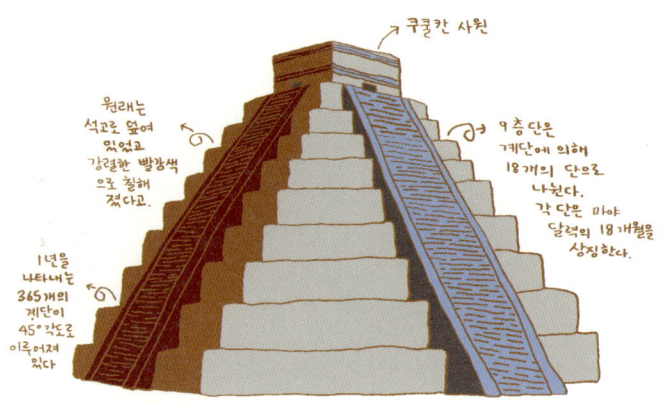

차장은 고속버스와 자가용 버스로 대만원이었다. 겨우 빈자리를 찾아 주차한 뒤 우리는 입구 로비에 있는 레스토랑에서 점심을 먹었다. 식당은 온통 미국인 관광객이 접수하고 있었고 그들은 하나같이 햄버거나 프라이드 치킨 같은 패스트푸드를 먹고 있었다. 어딜 가나 그런 사람이 있다. 여행하는 곳의 음식을 실 뜬 눈으로 보며 자기가 평소에 먹던 음식만 찾는 사람 말이다. 그들은 도대체 뭐 하러 이렇게 멀리까지 여행을 온 것일까? 패밀리 레스토랑에 가려고?

식사를 하고 마야식 피라미드인 '엘 카스티요 El castillo'를 구경했다. 당연하지만 테오티우아칸의 피라미드와는 눈에 띄게 달랐다. 규모는 그보다 다소 작았지만 마야의 케찰코아틀 신인 쿠쿨칸에게 바쳐진 이 건축물은 훨씬 더 기하학적이고 섬세했다. 가파른 엘 카스티요를 단숨에 오른 우리는 그 위에서 아름다운 마야 유적지를 한눈에 감상할 수 있었지만 내려오느라 무척 애를 먹었다.

유적지를 천천히 둘러보았는데도 오후 시간이 한참이나 남아 있었다. 우리는 계획대로 돌아가는 길에 '바야돌리드 Valladolid'라는 도시에 들르기로 했다.

은서에게 엘 카스티요에 대해 설명하는 현경

특별히 그곳에 가야 할 이유는 없었다. 다만 치첸이트사와 칸쿤 사이에 있는 유일한 도시였고, 식민지 시대의 유서 깊은 성당과 1950년대에 돼지 한 마리가 우연히 발견한 천연 연못이 있는 동굴이 있을 뿐이었다. '세노테 데 드시드누프'라는 발음하기 지극히 어려운 이 거대한 종유석 동굴은 기원전 300년경의 마야족이 신에게 바친 동굴이라고 가이드북에 나와 있었다.

2차로 지방도로를 타고 한 시간쯤 달렸다. 도로는 고속도로에 비해 무척 좁고 험한 편이었지만 볼거리는 꽤 많았다. 도로를 따라 작은 마을이 줄줄이 있었고, 관광객과 현지인을 상대로 공예품과 생필품을 파는 가게와 사람도 눈에 많이 띄었다. 그리고 잠시 후, 점점 가구의 수가 늘더니 드디어 바야돌리드가 나타났다.

바야돌리드의 입구에 있는 작은 마을은 축제 중이었다. '디아 데 라 콘스티투시온', 그러니까 우리 식으로 말하면 제헌절 축제였다. 마을 중앙에 있는 공원에는 어린이들이 마야 전통 옷을 입고 춤을 추고 있었고, 거대한 트럭 위에 각종 장신구로 치장을 한 사람들이 올라가 분위기를 돋우고 있었다. 여기저기 풍선과 군것질거리를 파는 사람들이 몰려다녔다.

"차 세워. 여기서 내려 구경하자."

금세 분위기를 탄 내가 아내에게 말했다.

"하지만 여기는 아직 바야돌리드의 입구인걸. 좀더 들어가야 하지 않을까? 그리고 동굴에 가려면 서둘러야지."

"에이, 그러다 좋은 구경 다 놓친다. 여기서 내려 걷자고."

우리는 차를 한쪽에 세운 뒤 차에서 내려 축제를 구경했다. 나는 이미 성당과 종유석 동굴을 보겠다는 생각은 잊은 지 오래였다. 한참 마을을 돌아본 나는 아내에게 말했다.

"바야돌리드, 생각보다 무척 작은 곳인데?"

"아닐걸. 아까도 말했지만 여긴 고작 입구에 있는 작은 동네라구. 바야돌리드에 있다는 식민시대의 큰 성당도 안 보이잖아."

"그런가? 그럼 차 타고 더 가볼까?"

2킬로미터쯤 차를 타고 가자 정말로 제법 큰 소칼로가 나왔다.

"어? 이렇게 큰 곳이었어?"

"거 봐, 거긴 그냥 입구의 작은 마을이었다니까."

이미 해는 다 기울어져 있었다. 동굴 같은 것은 볼래야 볼 수 없는 시간이 된 것이다. 나는 은근히 미안한 마음에 은서에게 말했다.

"배고프지? 우리 맛있는 저녁이나 먹자!"

거하게 저녁을 먹고 소칼로 주위를 한 바퀴 돌았다. 멕시코 전통 복장을 한 사람들이 분주히 행사를 준비하고 있었다. 사람들에게 물어보니 밤 10시부터 또 다른 축제를 한다고 한다. 두 시간 정도를 더 기다려야 한다.

"어휴, 그때까지 기다려서 볼 수는 없겠는데? 내일은 아바나행 비행기를 타야 하는데 호텔에 가서 좀 쉬어야지?"

우리는 아쉬움을 뒤로하고 차를 탄 후 칸쿤 방향으로 차를 몰았다.

그런데 이정표를 놓쳤는지 도무지 고속도로로 진입하는 입구가 나오지 않았다. 좀 있으면 또 다른 이정표가 나오겠지 하며 달리는데 그런 것은 더 이상 없었다. 게다가 해는 오래전에 진데다 가로등이 없어서 이정표가 나오더라도 발견할 수 있을지 의문이었다.

"괜찮아. 어쨌든 이 길은 칸쿤 방향이니까 곧장 가면 돼."

고속도로를 타겠다는 생각을 포기하고 그저 직선으로 된 2차로를 무작정 달

리는데 큰 문제가 생겼다.

　아내는 평소에는 안경을 쓰지 않지만 운전할 때는 반드시 안경을 쓰는 사람이다. 눈이 꽤 나쁜데도 왜 평소에 안경을 쓰지 않는지 물어보았더니 안경 쓴 자신의 모습이 싫어서 그렇단다. 아무튼 스타일은 무척 따지는 여자라고 그냥 그렇게 생각하고 맘대로 하라고 했는데 여행 가방을 챙기면서 안경을 깜박 빠뜨린 것이었다.

　도시의 빛이 사라지자 차의 속도가 눈에 띄게 점점 줄어들었다.

　"왜 그래? 이렇게 기어가다간 내일 아침까지도 도착 못한다구."

　"나, 앞이 잘 안 보여."

　"뭐? 운전하면서 앞이 안 보인다니. 무슨 소리냐, 그게?"

　"안경이 없잖아."

　장님에게 운전대를 맡긴 수준은 아니었지만 등에서 갑자기 식은땀이 주르륵 흘렀다.

　"그럼 우리 어떡해?"

　은서가 우울한 표정으로 말했다.

　"은서야 걱정하지 말고 누워서 자. 우린 잘 갈 수 있으니까. 자고 일어나면 호텔에 도착할 거야. 알았지?"

은서는 뒷자리에 누워 잠을 청했다. 그리고 나는 작은 목소리로 아내에게 물었다.

"얼마나 안 보이는데? 어디까지 보이는 거야?"

"글쎄, 아무튼 잘 안 보여. 한 10미터 보이나? 그리고 상대편에서 달려오는 차 헤드라이트 때문에 더 안 보여."

그러고 보니 상대편에서 차가 올 때마다 우리 차는 갑자기 속도가 떨어지며 오른쪽으로 슬쩍 피하고 있다.

"쿵!"

"아얏!"

갈수록 태산이라는 말은 이럴 때 두고 하는 말일 것이다. 길을 따라 있는 작은 마을이나 주택이 나타날 때마다 도로에는 요철이 있었다. 차가 과속하지 못하도록 콘크리트로 만든 요철인데 유난히 높고 아무런 색도 칠해져 있지 않았다. 낮에는 전혀 느끼지 못했는데 1킬로미터, 아니 100미터에 하나씩 있는 것처럼 자주 등장하기 시작했다. 그때마다 우리는 계속 자동차 천장에 머리를 박아야 했다. 잠이 들려던 은서도 짜증을 내기 시작했다.

"요철 안 보여? 안 보이면 좀 느끼라고!"

느끼라니. 내가 말하고도 스스로 황당했다. 요철을 어떻게 느낀단 말인가? 포스로? 나는 주택이 나타나면 요철이 있으니 빛이 보이면 속도를 줄이라는 뜻으로 한

말이었다. 하지만 그건 오비원이 아무런 경험도 없는 루크 스카이워커에게 감으로 적의 살기를 느끼라는 것과 같은 꼴이었다.

"좋아. 일단 몇 가지 규칙을 정하자. 우선 반대편 차선에 차가 나타나더라도 제발 피하지 좀 마. 지그재그로 달릴 수는 없으니까. 그리고 요철. 요철이 나오면 내가 소리를 지를게. '요철!' 하고. 알았지?"

아내는 그렇게 하겠다고 했다. 그후 나는 연신 '요철'을 외치기 시작했고, 아내는 그때마다 속도를 줄였다. 그리고 좀 익숙해지자 난 '요'까지만 외치기 시작했다. 무슨 힙합을 하는 것 같았지만 그런대로 효과는 있어서 더 이상 차 천장에 머리를 박지는 않았다. 은서도 곤히 잠이 들었다. 밤하늘에는 수많은 별들이 촘촘히 박혀 있었다.

우리는 12시가 넘어 호텔에 겨우 도착했다. 아내와 나 둘 다 목숨을 건 야간 비행을 한 기분이었다. 정말로 사지에서 겨우 살아난 사람처럼 기진맥진한 우리는 그대로 침대에 누워 잠이 들었다. 나는 그토록 고생스럽게 운전을 하면서도 운전을 못하는 내게 핀잔 한 번 주지 않은 아내가 고마웠다.

툴룸, 셀하, 치첸이트사를 가려면

여느 유명 여행지에서와 마찬가지로 각 호텔마다 여러 가지 패키지 상품이 준비되어 있다.

모두 칸쿤 시내에서 적게는 한 시간, 많게는 세 시간 이상 걸리는 곳이니, 운전하기가 귀찮고 편히 유적과 관광을 저렴하게 즐기고 싶을 때는 패키지 상품을 이용할 것을 권한다.

아내의 독백 04

차 빌리기 대작전

차를 빌려 멕시코 칸쿤 근처를 돌아다닐 목적으로 "국제면허증"을 만들고, 그 국제면허증만을 소중히 챙겨 여행길에 올랐다. 그런데 그 깐깐한 렌터카 직원이 꼭 우리나라 면허증도 봐야 차를 빌려줄 수 있다는 거다.

1 바야돌리드의 초등학교 운동장에서 전통 무용을 선보이는 학생들
2 집 앞에서 한가로운 시간을 보내는 아주머니들 3 청색 문 앞의 개
4 중고 옷을 판매하는 가게 앞 5 카메라를 보고 반가워하는 바야돌리드의 아이들 6 순식간에 바야돌리드의 해는 저물었다. 7 군것질 하는 사람들 8 바야돌리드 성당의 내부 모습 9 파란 대문 앞의 은서와 현경
10 해질녘의 바야돌리드 성당 앞

바야돌리드의 풍경

24.
아바나로

쿠반 에어의 쌍발 여객기는 1950~60년대의 향수를 자극할 만큼 낡고 독특한 구소련제 비행기였다. 비행기 자체도 작고 낡았지만 승무원들이 입고 있는 유니폼 때문에 더 그렇게 느껴졌다. 두 명의 승무원은 화가 난 얼굴로 작은 종이 접시에 랩으로 싼 샌드위치를 승객에게 던져주었다. 혹시나 눈치 없는 승객이 하나 더 달라고 하면 당장 비행기 밖으로 쫓아낼 듯한 표정이었다. 샌드위치의 모양은 내가 본 기내식 중 가장 볼품없었지만 의외로 맛은 좋았다.

옆 자리에는 뮤지션으로 보이는 유럽인이 앉아 있었는데 분위기 파악을 못한 그가 승무원에게 맥주를 요구하자 그녀는 처음으로 쌩긋 웃으며 맥주의 가격을 말해주었다. 비행기에서 내리기 전에 한번 더 그녀의 미소를 볼 수 있었는데 바로 면세품을 팔 때였다. 굳은 인상에 풍채가 좋은 그녀였지만 그렇게 뭔가를 팔기 위해 웃을 때면 우리나라의 승무원보다 훨씬 친절해 보였다.

우리는 곧 아바나의 호세 마르티 국제공항에 도착했다.

공항은 생각보다 깨끗하고 현대적인 건물이었는데 나중에 택시기사에게 들어보니 최근에 독일인이 디자인해 신축했다고 한다. 그 택시기사는 그것이 굉장한 자랑인 것처럼 이야기했다.

입국심사대에는 군복을 입은 심사원이 두 명씩 짝을 이루어 심사를 했는데 올리브 그린의 군복은 사진으로 많이 봐왔던 카스트로와 체 게바라의 바로 그것이었다. 군복이지만 군인의 위압적인 느낌보다는 향수를 자극하는 듯한 차림새였다. 마치 혁명기의 쿠바 군인을 코스프레한 것처럼.

심사대에 서서 보니 그들의 컴퓨터 모니터가 우리나라 것이어서 반가우면서도 조금 놀랐다.

달러를 쿠반 페소로 바꾸고 가방을 찾은 다음 출구를 나오자 여행사 직원으로 보이는 한 쿠바인이 '미스터 리, 미시즈 썬'이라 씌어진 피켓을 들고 서 있었다. 우리는 비행기 표를 살 때 호텔 숙박이 이틀 포함된 표를 구했다. 아는 사람도 없고 저녁에 도착하기 때문이었다. 그를 따라 낡은 택시를 타고 아바나 베다도 지역에 있는 유서 깊은 '호텔 리비에라'로 향했다.

쿠바행 비행기의 좌석 주머니에 있던 유사시 행동 요령 안내문.
일러스트레이션이 사실적이어서 섬뜩했다.

은서의 일기

내 수첩에 은서가 그린, 멕시코 전통 의상을 입은 인형.
오른쪽은 엄마를 그린 듯.

공항에서 산 인형

바비 인형 같은 얼굴인데,

멕시코 옷을 입었다.

그런데 치마 속에 다리가 없고 이상한 막대기만 있다.

치마를 올리면 절대 안 되는 인형이다.

요즘 내가 인형놀이를 할 때 가끔 이모로 나온다.

이 이모는 아이들을 좋아해서(인형놀이를 할 때) 나랑 내 남편이

어디 갈 때면 우리 아이들을 집에서 봐주는 착한 이모다.

25.
호텔 리비에라

아바나에서의 첫 아침, 호텔 리비에라의 창에서 바라본 풍경

　　호텔 리비에라의 인테리어는 훌륭했다. 1957년 미국의 마피아 보스 '메이어 란스키'가 세운 이 호텔은 당시의 모습을 거의 그대로 간직하고 있었다. 당장 로비 저쪽에 알 파치노가 앉아 있어도 놀라울 것이 없는 그런 풍경이었다. 체크인을 하고 있는데 머리가 희끗희끗한 웨이터가 다가와 메뉴가 적힌 종이 한 장을 들이밀며 말했다.

　　"손님, 가족 모두 저녁 안 드셨죠?"

　　"예? 예."

　　"있잖아요. 꼭대기 층에 레스토랑이 있거든요. 야경이 진짜 아름답고 음식도 맛있어요. 아바나의 첫 저녁이니 멋진 곳에서 식사를 하셔야죠."

　　일급 호텔의 레스토랑 직원이 직접 호객 행위를 하고 있다. 나는 배가 고플 뿐만 아니라 재미있기도 하고, 왠지 무척 친근한 기분이 들기도 해서 그렇게 하겠다고 했다.

약간은 허망할 정도로 으리으리하게 크기만 한 객실에 짐을 내려놓은 우리는 샤워를 한 후 옷을 갈아입고 레스토랑으로 올라가는 엘리베이터를 탔다.

아바나의 야경이라고 해봐야 별로 볼 것도 없었다. 당연한 것이 이곳에서는 전력 공급이 제한되어 있어 밤이 되면 보이는 것이 거의 없기 때문이다. 음식 맛도 특이할 것이 전혀 없었다. 단지 야채의 느낌은 그런대로 신선했는데, 아마 유명한 쿠바의 유기농으로 키운 재료 덕분일 것이다. 레스토랑에는 달랑 우리와 다른 한 테이블에만 손님이 있었다. 웨이터들은 남의 옷을 얻어 입은 것 같은 양복을 입고 휘적휘적 팔을 저으며 서빙을 하고 있었다. 그리고 손님에게 아무렇지도 않게 말을 걸었다. 자주 가는 동네 식당에 온 듯한 기분이 들었다.

식사를 거의 마쳐갈 무렵 밴드가 들어와 쿠반 음악을 연주하기 시작했는데, 우리는 음악의 질에 상관없이 감동하고 말았다.

"아! 우리가 아바나에 오다니! 우리가 아바나에서 진짜 쿠바 음악을 듣고 있어!"

몇 곡의 연주가 끝나자 트레스를 튕기던 멤버가 다가와 자신들의 음악 시디를 보여주며 사겠냐고 물었다. 나는 굉장히 감동한 표정으로 그 시디를 사들고 방으로 돌아왔다. 그 그룹의 이름은 '제미니스'였는데 나중에 시디를 들어보니 연주도 그저 그렇고 녹음 상태도 최악이었다.

우리는 그날 음악이 아닌 아바나의 밤에 첫눈에 반했던 것이다.

호텔 리비에라 1층에 있는 코파룸에서는 거의 매주 새로운 공연을 볼 수 있다.

26.
콘치타의 집

1 701호 콘치타의 집 입구 표식 2 우리 방에서 내려다본 아바나의 풍경. 멀리 말레콘 앞바다가 보인다. 3 콘치타가 내준 우리 방

다음날 아침, 우리는 장기 투숙할 싼 호텔을 구하기 위해 호텔 리비에라를 나와 택시를 잡아탔다. 그리고 아바나의 센트로로 향했다. 아침부터 제법 햇살이 따가웠다.

아바나는 크게 세 지역으로 구분된다. 호텔 리비에라는 아바나의 서쪽 지역 베다도에 있다. 중앙에는 혁명 전 시청 건물인 카피톨리오가 있는 중심가 센트로가 있고, 동쪽에는 구시가지인 비에자가 있다. 우리는 어느 쪽으로든 걸어서 둘러볼 수 있도록 센트로 근처에서 싼 호텔을 구하기로 결정했다.

택시를 타고 말로만 듣고 화면으로만 보던 말레콘 비치를 달렸다. 그리고 아바나의 중심가로 들어섰다. 아, 17세기부터 20세기 초반에 지어진 그 낡은 건물들의 모습이란! 영화 「부에나비스타 소셜 클럽」 속을 우리가 탄 택시가 달리고 있다.

갖가지 인상적인 아바나의 모습에 우리는 연신 감탄했다. 자동차 박물관에 나 있을 법한 1950년대의 원색 빈티지 자동차들이 연기를 내뿜으며 도로 위를 달렸다. 시보레, 캐딜락, 심지어 1930년대 스타일의 포드도 있다. 영화에서 라이 쿠더와 그의 아들이 타던 사이드카가 달린 모터사이클도 달린다. 계란 모양의 삼륜 택시인 코코 택시와 대형 트럭을 개조한 버스도 눈에 들어온다.

오른쪽으로 돌아 시내 방향으로 틀자 이번에는 네오 클래식의 빌딩, 바로크 스타일의 맨션, 아르누보와 아르데코 스타일의 현란한 건물이 소실점까지 이어지는 거리가 눈에 들어온다. 새로 보수를 하는 건물도 많았지만 대부분 당장 무너져도 별로 놀라지 않을 정도로 낡은 건물이 대부분이다. 그와 더불어 정말 신기한 것은 그런 건물에도 어김없이 사람들이 살고 있다는 것이다. 창밖을 내려다보는 사람, 일부러 건물들을 장식하기 위해 밖에 내놓은 듯한 색색의 빨래, 어딘가에서 끝없이 들려오는 아프로 쿠반의 선율.

택시는 어느새 우리를 중심가에 내려놓았다. 여행을 떠나기 전 인터넷에서 구한 정보에 의하면, 이곳에서 두리번거리며 걷고 있으면 사람들이 다가와 숙박할 곳을 권한다고 했다. 그러나 우리에게는 아무도 다가오지 않았다. 하는 수 없이 가이드북에 나와 있는 근처의 싼 호텔을 돌아보기로 했다.

잠시 후 우리는 프라도 거리에 있는 한 호텔로 들어갔다. 무척 오래되어 보이는 건물의 호텔이었다. 2미터는 족히 넘을 것 같은 입구에 들어서자 거대한 로비와 2층으로 향하는 나선형의 계단이 나왔다. 규모에 비해 인테리어는 무척 소박했다. 카운터에는 아무도 없었다.

"아무도 없는데?"

1 전기 스위치를 올리면 더운 물이 나온다. 감전 당할까 봐 겁났다. 2 거실에 걸려 있던 야자수 해변 그림 3 콘치타 베란다의 현경

"무슨 호텔이 직원이고 손님이고 한 명도 안 보이냐?"

한참을 두리번거리다가 소파에 앉았는데 갑자기 옆에 있는 전화벨이 울린다. 그러자 어디선가 중년의 사내가 전화를 받기 위해 나타났다. 짧은 통화가 끝나고 그가 우리를 바라본다. 아내가 말했다.

"저, 방 있어요?"

"음, 없는데."

대뜸 방이 없단다. 이렇게 휑한데 방이 없다고?

"당신들, 얼마나 묵을 거야?"

"한 2주쯤?"

"그래? 그럼 민박 소개시켜줄까?"

"민박? 이 근처야?"

"응, 아주 가까워. 여기서 10분 거리야."

사내가 적어준 주소를 지도에서 찾아보니 정말 몇 블록 떨어진 가까운 곳이다.

"내가 전화해둘 테니까 천천히 걸어가라고."

우리는 그에게 고맙다고 인사한 후 그 집을 향해 걸었다. 내가 먼저 입을 열었다.

"그 호텔, 이상하지 않아? 방이 없을 리가 없잖아. 무척 한가해 보이던걸? 민박집을 소개하기 위해 거짓말을 한 것 같지?"

"그럴지도. 하지만 책에서 보니까 불법 민박만 아니면 안전하다던데?"

"내 말이 그거야. 불법 민박집에 우리를 소개한 것 같다구."

아바나에는 뭐든 두 가지가 있다고 한다. 합법과 불법. 택시도, 레스토랑도, 시가 판매도, 민박도 합법 영업과 불법 영업이 있다. 그런 상업적인 일을 하고 싶은 사람은 넘쳐나도 나라에서 허가를 까다롭게 내주기 때문이다.

"너무 이상하면 안 묵으면 되지 뭐."

가끔씩 아내의 태평함에 깜짝 놀라기도 하지만 나는 그런 아내의 대범함이 마음에 든다. 덕분에 자질구레한 걱정거리는 전부 내 몫이 되긴 하지만.

우리 나이 정도 되어 보이는 민박집 여인이 우리를 반갑게 맞아주었다. 인상이 좋고 호탕해 보이는데다 은서 또래의 아들까지 있어 아내는 방도 보기 전에 무척 마음에 들어했다. 하지만 역시 예상대로 불법 민박이었고, 방의 분위기는 영 내 마음에 들지 않았다. 셋이서 몇 주를 묵기에는 턱없이 좁을 뿐만 아니라 창문이 없는 방이었기 때문이다. 내가 난색을 표하자 민박집 여인은 조금 설득하다가 포기하고 다른 집을 소개하겠다고 했다. 잠시 후 야구 모자를 쓴 그녀의 남편이 나타나 우리를 또 다른 민박집으로 안내했다.

나는 미안한 마음에 칸쿤의 슈퍼마켓에서 산 볼펜을 그 집 아들과 아들의

친구들에게 나누어주었다. 나는 고작 볼펜 선물을 가지고 그렇게 좋아하는 아이들은 처음 보았다. 그녀의 남편도 무척 고마워했다.

"야, 너 나이스 맨이다. 근데 어느 나라 사람이야? 일본?"

"아니. 한국이야."

"북쪽? 남쪽?"

"남쪽."

"아, 그래? 아바나에 온 건 처음이야?"

"응."

"아바나에 온 걸 환영해!"

그와 함께 또다시 몇 블록을 걸어 한 낡은 건물에 도착했다. 이번에는 엘리베이터를 타고 올라갔다. 문이 한쪽으로 열리는 것이었는데 스위치의 숫자가 다 닳아서 몇 층인지 알 수가 없었다.

새로운 민박집의 문 앞에는 가이드북에 나와 있는 국가인증 민박집 표시가 붙어 있었다. 주인은 굉장히 나이가 많은 할머니였다. 어림잡아도 일흔 살은 된 것 같은 그 할머니가 자신을 소개했다.

"난 콘치타라고 해. 아, 이 이쁜 아기의 이름은 뭐지?"

"은서라고 해요."

나이 든 노인이지만 영어를 조금은 한다. 우리는 깨끗한 집안 분위기와 방을 보고 당장 계약을 했고, 다음날 아침 리비에라를 떠나 콘치타의 집으로 짐을 옮겼다.

콘치타의 명함과 공인 민박집 스티커

아바나에서 민박을 하려면

아바나에는 민박집이 많다. 다만 문제는 그 대부분이 정부의 허가를 받지 않은 불법이라는 점이다. 관광객이 불법 민박집을 이용한다고 해서 처벌을 받거나 하지는 않지만, 저렴한 대신 여러 가지 불편을 감수해야 한다(예를 들어 창문도 없는 창고 같은 방에서 자야 할 수도 있다). 사진의 삼각 스티커가 붙어 있는 집이 허가를 받은 민박이다.

은서의 일기

은서가 카페에 앉아 그린 아바나.
은서에게 아바나는 한없이 화려한 도시인가 보다.

콘치타 할머니 집

여기 사람들은 까맣다.

그런데 우리 집 할머니는 하얗다. 이상하지.

난 쿠바에서 다리가 참 아팠다. 맨날맨날 걸었다.

제일 재미있었던 건 동그란 노란 택시를 타는 일.

제일 재미없었던 건 자전거 택시를 못 탄 일.

27.
어떤 쿠바 여인

콘치타의 집은 침실 셋과 화장실 둘(침실 둘과 화장실 하나는 우리 같은 손님 전용이다), 부엌과 베란다 그리고 커다란 거실이 있는, 언뜻 보기에도 꽤 부유해 보이는 아파트였다.

거실에는 커다란 소파와 텔레비전도 있었는데, 놀랍게도 텔레비전에서는 영어로 미국의 시트콤 '프렌즈'는 물론 만화 채널 '카툰네트워크'까지 나왔다. 가장 미국적인 텔레비전 프로그램이 아무렇지도 않게 쿠바의 가정집에서 흘러나오고 있는 것이다.

"우와, 이 나라 사람들은 저런 거 봐도 안 잡아가나 봐."

내가 텔레비전을 보며 우리말로 말했다. 그러자 콘치타는 넉넉한 미소를 짓는다.

"텔레비전 보고 싶으면 언제든지 봐도 돼. 자, 그건 그렇고 내가 몇 가지 집안 안내를 해줄게. 따라와 봐."

콘치타는 우선 우리 방을 안내해주었다. 방은 작지만 그래도 침대가 두 개 있었으며, 옷장과 화장대까지 있었다.

콘치타는 자신의 아들이 오면 우리 셋이 잠자기 편하도록 침대의 위치를 옮겨주겠다고 했다.

그 다음에는 화장실을 설명했는데 수돗물이 잘 안 나온다며 몇 가지 주의를 주었고(아바나의 수도 시설이 열악하다는 것은 이미 알고 있었다), 무슨 전기 고문 기계같이 생긴 샤워기 사용법을 알려주었다.

부엌도 사용할 수 있다며 보여주었는데 간단하게 아침식사를 해결할 수 있어 아내가 무척 좋아했다.

옆방에는 한 중년의 스위스인 투숙객이 묵고 있었고, 그는 쿠바 여인과 함께 지내고 있었다.

아바나에는 유난히 유럽에서 혼자 여행 오는 중년의 남성 관광객이 많은데, 대부분 연애를 하기 위해서란다. 그 과묵한 스위스인을 나중에 잠깐 마주쳤는데 눈인사만 나누었다. 그는 우리를 많이 경계하는 눈치였다.

하지만 함께 있던 쿠바 여인은 역시 쿠바 여인답게 아내에게 먼저 아는 척하고 인사를 나누었다. 그녀는 영어를 정말 잘했다. 그녀는 은서만한 아들이 있고, 자신은 학교에서 아이들을 가르친다고 했다. 그리고 그 스위스인이 자기 애인이라고 자랑스럽게 말했다.

많은 인텔리 쿠바 여인이 위험을 무릅쓰고 관광객과 연애를 한다는 사실을 우리는 이미 알고 있었다.

나는 베란다에 나가서 담배를 피워 물었다. 멀리 카피톨리오의 돔 지붕이 보였다. 베란다에서 내다보는 경치가 왠지 쓸쓸했다.

28.
비에자 걷기

　비에자의 구시가지 거리는 여느 유럽과 중남미 도시의 거리와 비교할 수 없을 정도로 고풍스럽고 아름다웠다(이런 얘기해봐야 별 도움은 안 되지만, 비에자는 유네스코 지정 세계문화유산이라고). 덕분에 시간도 잊고, 더위도 잊은 채 걷다가 오후가 되면 우리는 거의 탈진해 콘치타의 집으로 돌아가 침대 위에 대자로 누웠다.

　비에자에는 각종 박물관, 이를테면 시립 박물관, 자동차 박물관(거리에 온통 박물관에나 있을 법한 차가 굴러다니는데 자동차 박물관이 굳이 따로 있을 필요가 있을까 싶지만), 아프로 쿠반 미술관, 아랍하우스 등과 역사적인 건축물인 아바나 성당, 산토베니아 법정, 엘 템플레테(아바나 시의회 기념관), 16세기에 세워진 스페인 주둔 성 등이 몇 블록 사이에 모여 있다.

　비에자를 산책하며 가장 먼저 둘러본 곳은 스페인 주둔 성 앞의 토산물 시장과 아르마스 광장의 거리 서점이었다. 토산물 시장은 유럽의 벼룩시장과 거의 비슷한데 주로 쿠바의 전통 공예품, 예를 들면 전통 악기, 장난감, 옷가지, 그림, 장식용 조형물 등을 팔고 있었다. 나는 그곳에서 쿠바 군인의 작업모를 사서 쓰고, 은서는 쿠바 민속의상을 입은 봉제 인형을 샀다. 아내는 아무것도 사지 않았다.

　바로 옆 아르마스 광장의 거리 책방에서는 낡은 도서와 엽서, 동전, 우표 등을 팔고 있었다. 거의 대부분이 쿠바 혁명과 관련된 것이었는데, 수많은 책 표지에 카스트로와 체 게바라, 쿠바 국기가 그려져 있다. 현지인이 아닌 관광객을 위한 책방이 분명했다. 우리가 기웃거리자 책 파는 이들이 저마다 자신의 책을 들

1 신문을 사는 아바나의 신사 2 봉제 인형 가게 앞에서 3 아르마스 광장의 실외 책방 가판대 4 쿠바의 각종 악기를 판매하는 상점 앞 5 야자 열매로 머리를 만든 봉제 인형들 6 체 게바라와 별 그림이 붙어 있는 베레모

고 나와 말한다.

"체 게바라 화보집 안 살래? 혁명 포스터 화집도 있는데. 그림이라 스페인 말을 몰라도 볼 수 있다고."

"이거 어때? 체 게바라 기념 우표인데 무지 귀한 거야. 혁명 기념 동전 세트는 어때?"

내가 약간이라도 관심을 보이면 어김없이 묻는다.

"어디서 왔냐?"

"한국."

"북이야, 남이야?"

"남."

"호, 그래? 근데 책 어때? 맘에 들어?"

영어로 된 책도 답답한데 스페인어로 된 책을 어디다 쓰라고. 하지만 결국 난 거기서 책 두 권을 구입했다. 에어 브러쉬로 그린 『체 게바라 화집』과 스페인어로 된 문고판 『오디세이아』였다. 『오디세이아』도 사실 표지 그림이 맘에 들어 산 것이니 결국 모두 그림을 보고 산 것이었다. 글보다는 그림에 관심이 있는 것을 눈치 챈 상인들은 어디선가 화집과 사진 책을 자꾸만 꺼내온다.

"이 사진집은 어때? 이 쿠바 미술도록은? 쿠바 영화 사진집도 있다!"

"됐어, 됐다고. 여행 중이라 무거운 것은 못 산다니까."

겨우 상인들 틈을 빠져 나와 한숨을 돌리며 골목을 조금 걸으니 이번에는 산 크리스토발 성당 광장이 나온다. 아메리카에서 가장 아름답다는 바로크식 성당이다.

비에자의 거리를 걷고 있자면 도무지 진도를 나갈 수가 없다. 당장 이 성당을 둘러싼 광장만 해도 그렇다. 성당을 시작으로 시계 방향으로 돌아보면 우선

아내가 은서 핑계를 대고 산
쿠바와 멕시코의 봉제 인형.
아이디어가 반짝반짝

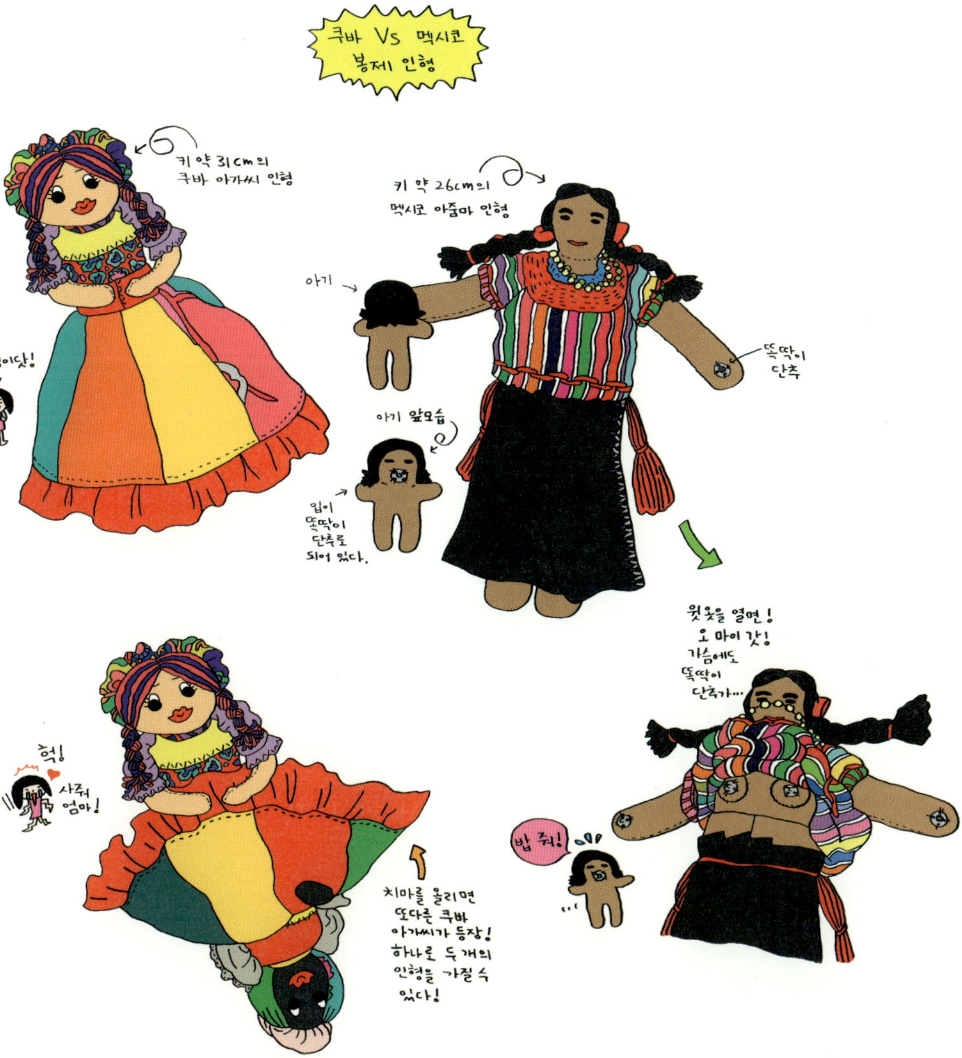

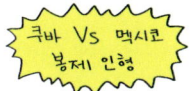

성당 옆에 교육 박물관, 그 옆에 팔라치오 데 로스 마르쿠에스 갤러리, 그 옆에 아트 콜로니엘 박물관, 그 옆에 쿠바 그래픽 갤러리, 그 옆에 마지막으로 카페 엘 파티오가 있다. 모두 16세기부터 18세기에 지어진 유서 깊은 건물이다. 한 광장을 대충만 둘러봐도 두어 시간은 족히 걸린다. 이곳에서는 그야말로 마음을 비우지 않으면 아무것도 볼 수 없다.

우리는 카페에 앉아 커피를 주문했다.

비에자 걷기

비에자를 걷다보면 볼거리가 너무 많아 최초의 목적을 잊기 십상이다.
이리저리 기웃거리다 보면 어느새 해질녘이다.
일반적으로 비에자의 아르마스 광장에서 시작해 센트로의 카피톨리오를 향해 직선으로 걷기를 권한다. 천천히 걸어도 한 시간이면 비에자에서 볼 만한 것들은 놓치지 않고 볼 수 있다.

29.
'중간에 있는 작은 가게'에서

1 음악 소리에 이끌려 가게 안을 들여다보는 은서와 현경
2 많은 관광객들이 음악소리에 맞춰 럼 칵테일을 마시며 몸을 흔들고 있다.

비에자의 산 크리스토발 성당 바로 옆 골목에는 헤밍웨이가 아바나에 머물던 시절 단골이었던 술집 '라 보데기타 델라 메디오('중간에 있는 작은 가게'라는 뜻)'가 있다. 밖에서 보면 술집인지 창고인지 알 수 없을 정도로 썰렁한 모습에 굵은 헬베티카로 씌어진 간판만 외롭게 덜렁 걸려 있는 곳이지만, 라이브로 들려오는 아프로 쿠반 선율에 이끌려 안을 들여다보면 제법 고풍스럽고 운치 있는 인테리어에 이끌려 발을 들이게 되는 곳이다(바깥쪽은 바이고, 안쪽으로 들어가면 레스토랑이 있다).

몇 평 안 되는 ㄱ자 모양으로 된 좁은 바에는 헤밍웨이가 즐겨 마셨다는 쿠반 칵테일 모히토를 마시기 위해 들른 관광객으로 언제나 붐빈다.

그 좁은 공간 틈에서 한 무리의 뮤지션들이 음악을 연주하고 있다.

벽에는 수많은 액자가 걸려 있는데 헤밍웨이는 물론 냇 킹 콜과 잭 레먼, 가브리엘 가르시아 마르케스와 파블로 네루다의 사인도 있다.

손님과 종업원들은 은서를 보고 아시아의 어린 여자아이는 생전 처음 본 듯 신기해했다. 우리는 모히토와 레모네이드, 에스프레소를 각각 시키고 마침 자리가 난 바에 앉아 연주를 들었다.

반세기 전 유명인들이 휴식을 즐기던 장소에서 그들이 마시던 것과 같은 것을 마시며 듣는 아프로 쿠반 노래.

비에자 중간에 있는 이 작은 가게가 아니라면 불가능한 일이다.

라 보데기타 델라 메디오 찾기

비에자의 바로크 성당인 cathedral de san cristobal 바로 옆 골목에 있다.

주소는 Calle empedrado 207.

매일 정오부터 새벽 12시 반까지 영업한다.

30.
체 게바라

얼마 전 해외토픽에서 이런 기사를 봤다. 살아 있는 체 게바라의 아내와 자식들이 더 이상 그의 초상권이 상업적으로 이용되는 것을 두고 볼 수가 없어 앞으로 체 게바라의 얼굴을 상업적인 목적으로 사용할 경우 법적인 조치를 취하겠다는 내용이었다.

우리 동네 횟집 창문에 붙어 있는 술 광고 포스터에서도 그의 얼굴을 본 적이 있으니 심하긴 심하다고 생각한다. 도대체 대한민국에서 파는 술과 체 게바라가 무슨 관계가 있단 말인가?

그러나 정말 안타까운 것은 전세계 사람들이 그를 상업적으로 이용하고 있는데 쿠바에 앉아 있는 그의 가족들이 어떻게 막을 수 있을지 막연하기만 하다는 것이다.

아무리 생각해봐도 그건 불가능한 일 같다.

하지만 거기까지는 그만두고라도 쿠바, 아바나에서는 어떤가 하면, 그들도 엄청나게 체를 상업적으로 이용하고 있다. 쿠바의 기념품 파는 곳에 있는 수많은 티셔츠, 군모, 엽서, 배지, 책, 포스터, 공예품 속에서 사진작가 알베르토 코르다가 찍은 사진 속의 체 게바라를 만날 수 있다.

체는 분명 그들의 자유를 위해 싸웠고 결국 죽임을 당했지만, 죽은 후에도 그들의 뒷바라지를 해주고 있는 것처럼 보일 정도이다.

심지어 특별히 장사꾼이 아닌 보통 사람들도 체의 얼굴을 팔고 다니는데, 그들은 길에서 체의 얼굴이 그려져 있는 3페소짜리 내국인용 지폐를 관광객에게 팔고 다니는 것이다(쿠바는 내국인용 돈과 외국인용 돈이 따로 있는데, 외국인용 3페소에는 체의 동상 그림이, 내국인용에는 그의 얼굴이 그려져 있다). 그들에게조차 체의 얼굴은 일종의 캐릭터 상품인 것이다(그러고 보면 차라리 상표 등록을 하는 편이 훨씬 관리하기 좋을 것 같다).

아바나의 혁명 광장에 있는 쿠바 공업성 건물에는 예의 바로 그 얼굴이 조형물로 만들어져 광장을 내려다보고 있다. 그는 혁명 광장에서 자신을 배경으로 사진을 찍는 관광객과 자신의 얼굴이 그려진 상품을 팔고 다니는 쿠바인들을 보며 무슨 생각을 할까?

지폐 속의 체 게바라

길을 걷다보면 말을 걸어오는 사람들을 자주 만나게 되는데, 주로 불법으로 시가를 팔려는 사람들과 자신이 사용하는 지폐나 동전을 팔려는 사람들이다(물론 특별한 이유 없이 친절한 사람들도 많지만).
특히 현지인이 사용하는 3페소 지폐에는 유명한 체의 얼굴이 그려져 있어 관광객의 시선을 끈다(관광객용 3페소에는 체의 동상 그림이 있다).
보통 같은 3페소이니 바꾸자며 접근하는데 돈의 가치가 현저히 다르므로 원하지 않는다면 거절하는 것이 좋다.

위의 체 게바라 얼굴이 그려진 것이 주민들이 팔려고 내미는 3페소짜리 지폐. 아래는 관광객용 3페소

군복을 입고 덥수룩한 수염에 시가를 문 체 게바라

31.
헤밍웨이

50마리의 고양이와 함께 살던 사람, 매일 1리터의 위스키를 마시던 사람, 두 번의 비행기 사고에도 살아남은 사람, 자신의 가장 허술한 소설을 가장 많이 판 사람, 그 소설로 노벨상을 받았지만 노벨상보다 더 유명했던 사람, 죽는 날까지 죽음을 동경하던 사람, 그리고 쿠바를 사랑했던 사람.

"너무 앞서도 안 되고 너무 지나서도 아닌, 무엇인가를 알게 되는 그 순간에 쓰는 것이다."

아바나의 곳곳에 헤밍웨이의 그림자가 배어 있다.

헤밍웨이의 흔적을 찾아서
아바나 시내에는 헤밍웨이가 묵었던 호텔로 유명한 Hotel ambos mundos와 단골 레스토랑 겸 술집인 floridita가 있다.
헤밍웨이가 묵었던 방인 511호는 월요일부터 토요일 오전 9시부터 오후 5시까지 관람할 수 있다.
Av de belgica에 위치한 floridita는 매일 오전 11시부터 새벽까지 문을 연다. 헤밍웨이가 이곳에서 즐겨 마셨다는 칵테일 중 하나인 '파파 헤밍웨이 스페셜 칵테일'을 지금도 마실 수 있다.

Floridita의 바. 그가 항상 앉던 자리에는 이제 그의 동상이 앉아 있다.

아바나 근교에서 낚시를 즐기던 헤밍웨이의 모습. 그는 낚시를 하다 문득 『노인과 바다』의 스토리를 생각해냈다고.

1 영화 「부에나비스타 소셜 클럽」에서 라이쿠터 부자가 탔던 모터 사이클 2 트럭을 개조한 아바나의 명물 시내버스 3 대부분의 자동차들이 낡아서인지 거리 곳곳에서 차를 고치는 것을 볼 수 있다 4 아바나의 명물 코코 택시를 탄 우리 가족 5 인상적인 빈티지 자동차의 앞모습

아바나에서 볼 수 있는 자동차

1 아바나에서 가장 쉽게 발견할 수 있는 차는 다름아닌 시보레다. 2 비에자의 골목에 서 있는 빨간 빈티지 자동차. 조형물처럼 서 있는 차에 누군가 올라타 시동을 걸고 움직일 때면 감탄사가 절로 나온다. 3 파란 시보레 보닛 위에 있는 백조 모양 장식. 시장에서 구할 수 있다고 한다.

1 폐허가 된 건물 안에 주차되어 있는 시보레 2 아바나의 자동차 공해 문제와 관광객의 수송 문제를 동시에 해결하기 위해 정부가 고안한 교통 수단 릭셔우 3 빨간 빈티지 차 위의 로켓 장식 4 빈티지 차 위의 산양 머리 장식

1 비에자의 아바나 성당 전경 2 혁명 광장의 호세 마르티 동상 앞에서
3 내셔널 뮤지엄에 있는 낡은 에스프레소 포트로 만든 조형물 앞의 은서

아바나의 볼거리

1 호기심 많은 아바나의 달마시안. 비에자의 한 가정집 문 앞에서 2 건물들은 낡고 당장 허물어질 것 같이 보이지만 구석구석에서 화려했던 시절의 모습을 발견할 수 있다. 3 청소부의 수레 위에 꽂혀 있는 인형의 얼굴 4 수작업으로 몽타주 된 혁명 구호들이 골목골목마다 붙어 있다. 5 역시 혁명을 찬양하기 위한 그라피티. 맨 위가 카스트로인 듯.

los zafiros
los zafiros
los zafiros
los zafiros
1

CENA
DE
GRUPO
FIDEL
2

1 레코드 샵 앞에 진열되어있는 중고 LP들 2 내셔널 호텔 복도의 체 게바라 사진들 3 센트로의 낡은 카바레 간판 4 센트로의 공터에 있는 농구대 5 센트로의 한 보도블록 6 손으로 그린 건널목 표식 7 센트로의 한 빌라 초인종

1 아바나 멋쟁이들의 뒷모습 2 소년과 코발트 색의 빈티지 자동차 3 성년식을 하고 기념 촬영을 하는 숙녀 4 옥상에서 한가로운 시간을 보내는 엄마와 딸 5 청소하는 노인과 삐딱한 청년 6 방금 결혼한 아바나의 부부 7 혁명 광장의 현경과 은서 8 상자와 페트병으로 만든 카메라를 들고 있는 청년

아바나에서 만난 사람들

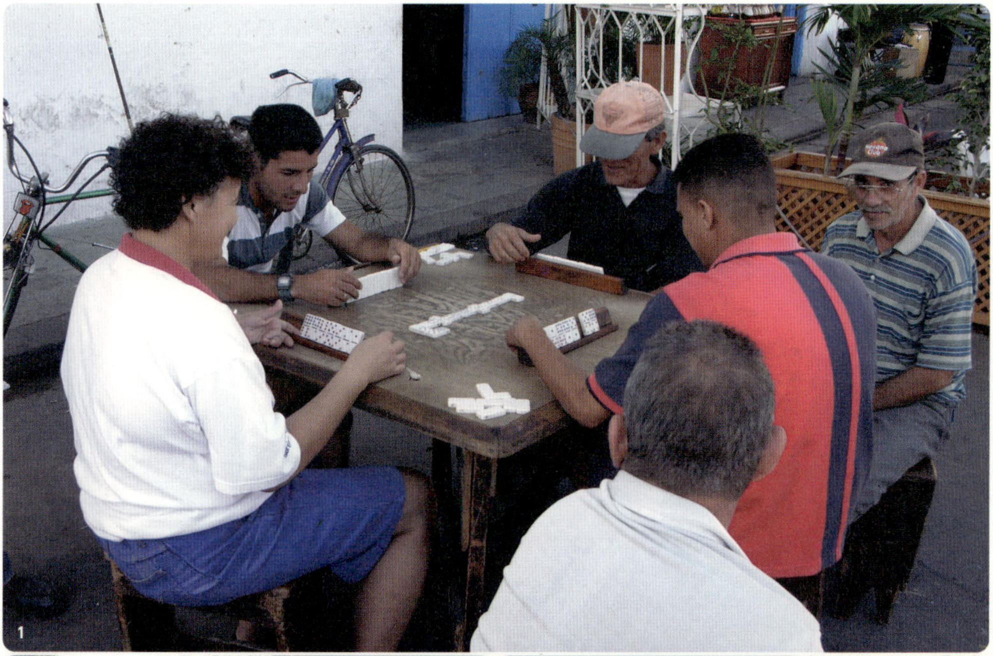

1

2

3

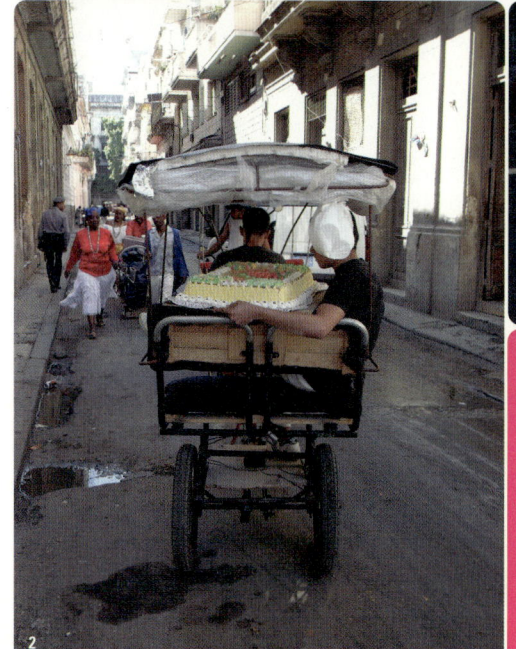

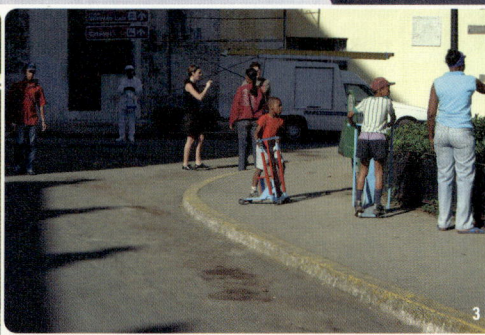

1 거리에 탁자를 놓고 도미노 게임을 하는 사람들을 심심치 않게 볼 수 있다. 2 화려한 색의 크림으로 장식한 케이크를 운반하는 청년 3 집에서 손수 만든 듯한 놀이기구를 타는 아바나의 아이들

1 거리에서 꽃을 파는 여인 2 타악기인 콩가를 운반하는 청년들 3 센트로에 있는 놀이터에서 아바나 소녀와 시소를 타는 은서 4 공중전화를 이용하는 두 여인 5 대낮부터 내게 나이트클럽을 가자고 꼬시던 멋쟁이 아바나 청년

32.
아바나 레스토랑 유람기

1 아바나의 유명 아이스크림 가게 코펠리아의 간판. 관광객과 현지인의 좌석이 분리되어 있었다. 2 차이나타운의 음식점은 항상 관광객들로 만원이다. 3 관광객들을 상대하는 레스토랑에는 밴드가 항상 음악을 연주하고 있다. 4 거리의 바. 바라고 해봐야 럼 칵테일 두어 가지와 샌드위치 하나가 고작이다. 5 간단한 요깃거리를 판매하는 거리의 식당

멕시코시티를 향할 때 내가 가장 걱정했던 것은 강도를 만나는 것이었다. 그런데 쿠바의 아바나를 향하며 가장 걱정했던 것은 다름 아닌 먹거리였다. 아바나에 관한 이야기 중에서 가장 심각하게 들렸던 것은 길을 가다 먹을 곳을 찾기가 쉽지 않을 거라는 이야기였는데, 이상하게 여행만 하면 뱃속에 거지가 든 사람마냥 허기를 느끼며 끼니를 모두 찾아 먹는 나는 유난히 그 정보에 민감할 수밖에 없었다. 게다가 나는 그렇다 치고 딸애와 아내가 식당을 못 찾아 굶주릴지도 모른다고 상상하면 끔찍했다.

먹을 곳을 찾기가 어렵다는 이야기가 그럴듯하게 생각되었던 것은 일단 쿠바는 북한과 함께 세계에서 유일하게 남아 있는 사회주의 국가이고, 덕분에 미국의 강력한 경제 제재 조치로 공산품 구하기가 하늘의 별 따기만큼 어렵다는 것을 어디선가 들었기 때문이었다.

그나마 다행인 것은 그 정도는 어떻게든 극복하고서라도 아바나를 보고야 말겠다는 의지가 있었다는 것뿐.

준비성이 남다른 나는 칸쿤의 슈퍼마켓에서 참치 캔과 비스킷, 사탕 등을 열흘 동안 먹을 수 있을 만큼 샀다. 결국 너무 무겁다는 이유로 절반 정도는 칸쿤의 호텔에 두고 왔지만(우리는 칸쿤의 호텔에 부탁해서 돌아갈 때 찾아가기로 하고 짐의 절반을 두고 왔다). 그래도 아껴서 먹으면 일주일 정도는 셋이 어떻게든 버틸 수 있는 양이었다.

물론 그런 것이 모두 부질없는 짓이라는 것을 아바나에 도착하자 곧바로 깨달았다. 비록 사회주의 국가이긴 하지만 관광객들은 그들의 최대 수입원 중 하나이다. 그렇기 때문에 들었던 것만큼 환경이 열악하지는 않았다. 그러나 확실히 식당이라든가 식료품을 살 수 있는 곳은 많지 않았다. 상점이라고 해봐야 물건이 몇 가지 없었다. 계란, 햄, 치즈, 야채 등 1차 산업의 생산품 몇 가지가 전부였다. 그것도 이곳 사람들은 사 먹는 것이 아니라 배급을 받는다고 한다(쿠바 사람들은 일주일에 계란 10개, 쌀 몇 그램 하는 식으로 배급을 받는다). 먹을 것을 배급 받아 산다니, 이런 곳에서 그런 로맨틱한 음악이 만들어지고, 스포츠로 세계의 주목을 받는다는 것이 초자본주의 국가인 대한민국에서 온 나 같은 사람으로서는 감조차 잡을 수가 없었다. 줄 맞추어 하는 매스게임 같은 것이 어울릴 것 같은 나라인데 말이다.

아바나에 도착한 지 얼마 안 된 어느 날 오후, 어디서 뭘 먹을까 고민하며 한 이탈리안 레스토랑을 기웃거리는데 한 현지 주민이 다가와 말을 걸었다.

"스파게티 먹게? 에이, 거기 비싸기만 하고 맛없어. 내가 좋은 개인 레스토랑 소개시켜줄까? 값도 저렴하고 맛있는 곳이야. 특히 해산물이 정말 신선하지. 매일 말레콘 비치에서 낚시로 잡은 생선을 내온다니까."

『론리 플래닛Lonely planet』을 통해 개인적으로 운영하는(물론 불법이다) 식당이 존재한다는 것은 알고 있었는데 실체를 보지는 못하던 차였다. 그리고 쿠바 사람들의 호의적이고 깨끗한 매너에 특별히 경계해야 할 이유가 없다고 이제 막 생각하기 시작하던 터라 우리는 그를 따라가보기로 했다. 5분쯤 예의 비슷한 대화(어디서 왔냐, 북이냐 남이냐, 이름이 뭐냐, 뭐 하러 왔냐 등)를 하며 골목길을 걷자 그가 말한 레스토랑이 나왔다.

예상외로 불법이라고 하기에는 대놓고 장사를 하는 곳이었다. 무척 좁은 레스토랑에는 테이블이 달랑 세 개 있었는데 나름대로 인테리어도 되어 있었다(안 하는 것이 좋았을). 아바나에서 본 건물과 마찬가지로 이 레스토랑 역시 천장만 쓸데없이 높은 낡은 건물이었다.

손을 닦기 위해 화장실에 갔는데 물이 나오지 않았다. 난감해 하고 있는데

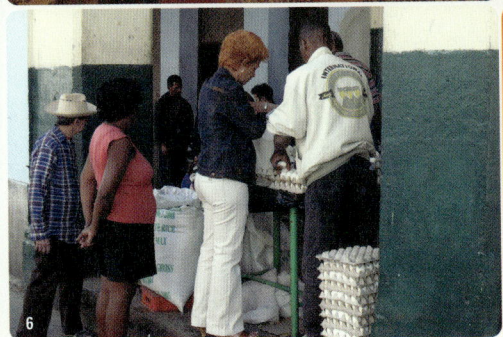

1 빵과 음료수를 파는 비에자 거리의 가판 2 연필을 깎듯이 오렌지 껍질을 벗겨 판매하는 가판 3 한 레스토랑에서의 현경 4 사탕수수 즙을 짜서 판매하는 가판 5 몇 종류 없지만 식료품점에서는 육류와 유제품도 판매한다. 6 계란 배급소 앞. 일주일에 몇 개씩 배급을 받는다고. 하지만 돈이 있으면 살 수도 있다.

어디선가 쿠바 아주머니가 활짝 웃으며 물을 한 바가지를 들고 들어온다. 그러고는 자신이 직접 세면대에 물을 붓는다.

"자, 어서 씻어. 어여!"

메뉴판의 메뉴는 꽤 많아 보였는데 황당하게도 재료는 거의 비슷했다. 생선 한 가지만으로 이렇게 저렇게 요리법만 다양한 것이다. 그런데도 값이 그리 싸지 않다. 나는 우리를 안내해온 친구에게 물었다.

"야, 이거 그렇게 싼 것 같지 않네."

"에이, 왜 그러시나. 싸다니까. 그리고 일단 여기 재료는 끝내줘. 어디서 이런 음식 못 먹는다구."

그러고는 한술 더 떴다.

"이봐. 이렇게 좋은 레스토랑을 소개시켜줬는데 답례도 안 하기야?"

"무슨 답례?"(발끈)

"어, 어, 별 거 아냐. 더운데 맥주 하나만 사주라. 응?"

난 어이가 없기도 하고, 쓸데없이 짠돌이 소리도 듣기 싫어 그렇게 했다. 뭐다 경험이니까.

음식 맛은 말 그대로 무난한 수준이었다. 생선을 회로 먹는 것도 아니고 튀겨 먹거나 구워 먹는 것이니 신선한지 아닌지도 알 수 없었다. 그렇다고 뭐 대단히 속았다거나 하는 느낌도 아니었다.

아바나에서 머물렀던 마지막 날 우리는 그날 기웃거렸던 이탈리안 레스토랑으로 갔다. 쿠바 음식이라고 전통적인 것이 따로 있지 않다는 것을 경험으로 알고 난 후였고, 마지막이니 다소 비싸도 먹고 싶은 것을 먹자는 생각에서였다. 그런데 깜짝 놀라고 말았다.

그가 비싸고 맛없다는 식당이 정확히 그 반대였던 것이다. 음식은 정말 맛

있었고(홍대 앞의 이탈리안 레스토랑 수준이었다), 가격은 개인 레스토랑의 절반이었다. 씁쓸했다. 그런 곳을 떠나기 직전에야 알게 된 것이 안타까워서.

아바나에서 먹을 것을 걱정할 필요는 없었다. 다만 멕시코처럼 쿠바의 전통적인 음식은 기대하지 않는 것이 좋다. 왜냐면 아예 그런 것은 존재하지 않으니까. 하지만 역시 재료만은 안심해도 좋을 듯하다. 쿠바는 세계적인 유기농 선진국이기 때문이다. 쿠바는 경제 제재로 비료 수입을 하지 못한 지 십여 년이 되었다. 덕분에 쿠바 정부는 비료 없이 농사를 지을 방법을 연구하기 시작했고, 결국 지금은 세계 최고의 유기농 국가로 변신했다.

지금 유럽과 일본, 남미의 많은 나라들이 그들의 유기농을 배우기 위해 연구팀을 쿠바에 보낸다. 아이러니컬한 일이 아닐 수 없다.

내셔널 호텔에서는 거의 매일 밤 부에나비스타 소셜 클럽의 공연이 열린다. 하지만 그 유명한 콤바이 세군도와 이브라함 페레는 유명을 달리한 지 오래. 규모와 유명세에 비해 볼품없는 공연이었다.

아내의 독백 05

쿠바에서 만난 유학생

길에서 만난 한 청년이 한국에서 온 관광객을 그냥 보낼 수 없다며 '모히토' 한 잔을 간절히 원했다. 우린 왠지 밉지 않은 그 사내를 따라가 보기로 했다.

33.
말레콘 비치

1 모로성에서 바라본 말레콘의 풍경. 바람 부는 날이면 파도가 상당히 높다. 2 말레콘에 앉아 태양을 즐기는 아바나 시민들 3 말레콘 앞바다를 바라보는 은서와 현경

아바나의 말레콘을 걸었다.

낚시 하는 사람, 키스하는 연인, 방파제에 반쯤 누워 카리브 해의 수평선을 바라보는 부부와 아이들. 바다를 향해 앉아 있는 수많은 아바나의 시민.

우리도 방파제에 앉아 잠시 쉰다. 신발과 양말을 벗고 바다를 향해 앉아 그것이 하늘과 만나는 선을 바라본다. 뜨거운 태양을 바람이 식혀준다.

등 뒤로는 열주를 세운 식민지 시대의 저택들이 6.4킬로미터에 걸쳐 늘어서 있다. 낡은 그 건물들은 허리케인이라도 오면 오즈의 마법사에 나온 도로시의 집마냥 날아가 버릴 것만 같다.
　물을 바라보며 사는 이곳 사람들은 어떤 꿈을 꾸며 살고 있을까? 어떤 미래를 그리며 살고 있을까?

34.
혼자 걷는 말레콘

말이 6.4킬로미터이지, 실제로 말레콘을 걷노라면 도무지 끝이 보이지 않는다. 한쪽은 끝없이 펼쳐진 바다, 또 한쪽은 낡은 스페인 식민지 시대의 건물.

아내와 딸애가 더위에 지쳐 콘치타의 집에서 쉬고 있는 동안 나는 말레콘을 혼자 걷고 있었다. 그러다 내셔널 호텔 가까운 곳에서 거대한 광고판 하나를 발견했다. 관타나모 수용소에서 미군이 이라크 포로를 고문하는 적나라한 사진이 몽타주되어 있고, 그 사진 옆에는 나치의 붉은 철 십자 마크와 '파시스타'라는 단어가 적혀 있었다. 푸른 바다와 하늘을 배경으로 서 있는 그 광고판은 파란 하늘에 피를 뿌린 듯 강렬했다.

카메라를 빼들고 사진을 찍고 있었는데 길 건너편에서 소총을 멘 쿠바 군인이 소리를 지르며 건너온다. 도무지 알아들을 수가 없다. 하지만 언제나 몸짓은 말보다 정확하고 빠른 법이다.

"이봐! 찍지 마! 사진 찍지 말라고!"

"어어, 미안해. 하지만 그냥 기념 사진인데?"

"안돼! 안돼! 그 카메라 이리 줘!"

"어, 그럴 수는 없지! 그런 법이 어디 있어!"

"좋아, 그럼 다 지워! 딜리트! 딜리트!"

'어라, 이거 디카 사용법도 다 아는 거야?' 하면서 나는 지우는 척한다.

"알았어. 지우면 될 거 아니야. 다 지웠어. 봐, 없지?"

"저리 가! 사진 찍으면 안돼! 그냥 눈으로 보라고!"

문제의 광고판. 파란 하늘과 대조를 이루어 더욱 강렬해 보였다.

"알았어. 열 내지 말라고, 날도 더운데."

나는 미안한 척 그곳을 뒤로하고 걸었다. 솔직히 말하면 등줄기에 식은땀이 흘렀다. 그것은 처음이자 마지막으로 내가 쿠바, 아바나에서 받은 제지였다.

35.
프라도 거리에서 만난 예술가 자자 귀로라

1 자자 귀로라, 그의 여친과 함께 2 프라도 거리에서 파는, 빈티지 차를 그린 유화 3 프라도 거리에서는 공연도 자주 열린다. 관광객들은 호주머니를 조심해야 하는 장소, 사진을 찍으면 돈을 받는다.

혁명 전부터 쿠바의 예술은 스페인을 통해 유럽 예술의 직접적인 영향을 받았다. 그 증거로 문학, 음악, 미술, 영화, 무용할 것 없이 당시의 예술 사조를 그대로 반영한 작품들을 박물관 등에서 쉽게 볼 수가 있다.

예를 들어, 센트로 아바나에 있는 국제 파인아트 미술관에 가보면 인상파 시기의 작품에 많은 영향을 받은 당시의 회화 작품부터 러시아 구성주의의 영향을 받은 그래픽 작품을 부지기수로 볼 수 있다. 게다가 유럽 작가의 작품도 꽤 많이 상설 전시되어 있다. 심지어 이집트의 아몬 신 두상과 그리스의 암포라까지 구색을 맞추고 있으니 국제 파인아트 미술관이라는 것이 과장으로 들리지 않는다.

1959년 이후에도 쿠바는 국가 차원에서 예술의 하부구조를 구축하기 위해 상당한 투자를 해왔다고 한다. 각 장르의 많은 학교가 세워지고 지금까지 각 분야의 많은 예술가를 양성해오고 있다. 특히 쿠바 발레학교의 명성은 국제적으로도 명성을 떨칠 정도이다.

정말 놀라운 것은 정부의 투자와 간섭에도 상당히 자유로운 작업을 하고 있는 쿠바의 예술가들을 만나게 될 때다. 그들은 체제전복적인 그림을 그리고, 영화를 찍고, 글을 쓴다. 때로는 쿠바에서 탈출해 활동을 하기도 하고, 때로는 최저 생활을 하면서도 자국에 남아 끊임없이 사회성 있는 작품들을 양산한다. 국내외에서 혁명 정부를 비판하는 현실참여적인 작품 활동을 계속 하는 것이다.

센트로 아바나의 프라도 거리에는 거의 매일 화가들이 그림을 가지고 나와 상설 전시를 한다. 하지만 역시 아바나 시내의 미술관이나 박물관에서 볼 수 있는 미술 작품에 비해 그 수준은 천차만별이다. 단순히 관광객에게 팔려고 그린 쿠바의 풍경화가 대부분이기 때문이다. 그림의 소재는 거의 쿠바의 풍물이나 자연, 아바나의 빈티지 자동차다. 그렇게 싸구려 그림이긴 하지만 그런대로 이국적인 운치가 있어 눈은 즐겁다.

그림을 둘러보며 우리 셋은 프라도 거리를 걷고 있었다. 그러다 나는 한 화가의 그림 앞에서 발을 뗄 수가 없었다. 흑백의 리도그라피 작품이었는데 다른 그림처럼 이국적이고 화려한 그림은 전혀 아니었지만 강한 드로잉이 인상적인 그 판화는 무척이나 그로테스크했으며 무엇보다 현실비판적인 내용을 담고 있었다.

그림을 들여다보고 있으니 한 사나이가 다가와 웃으며 스페인어로 뭐라고 말한다. 통 알아들을 수가 없어 당황하고 있으니 한 아가씨가 헐레벌떡 달려온다.

"그림 사게?"

"어, 아니 그냥 보는 거야. 그림이 좋아서."

"좋지? 여기 이 사람이 그린 거야. 자자 귀로라. 내 남자친구지."

"와, 그래? 그림 정말 좋다고 말해줄래?"

아가씨와 그 남자가 잠깐 대화를 나누더니 사내의 얼굴이 밝아진다.

"내 친구라서 하는 얘기가 아니라 나도 이 사람 그림 정말 좋아해. 그림의 느낌도 좋지만 내용이 좋거든. 이건 사실 굉장히 상징적인 그림이야. 알아?"

"어. 그런 것 같아. 사실 나도 그림을 그려."

"어? 그래? 넌 무슨 작업을 하니?"

"난 만화를 그려."

"호, 그래?"

둘 사이에 다시 스페인어가 오간다. 사내는 고개를 끄덕이며 뭔가 이해하겠다는 표정이다.

"보통 관광객들은 이 사람 그림 무서워서 싫어해. 거실에 걸어두고 싶은 종류의 그림은 아니니까."

"응. 그럴 수도. 근데 이 그림 사고 싶은데. 얼마나 하지?"

"어, 그래? 물어볼게."

둘은 다시 이야기를 한다. 남자는 굉장히 기뻐하면서도 애써 표정을 감춘다.

그리고 잠시 후,

"주고 싶은 만큼 주고 가져가래."

"뭐? 그런 게 어디 있어? 판매 가격이 있을 거 아냐?"

"아니, 없어. 네가 원하는 만큼 주고 가지래."

난처했다. 어떻게 내 맘대로 가격을 정한단 말인가?

"아무리 그래도 대충 가이드라인을 말해줘야지."

"그런 거 없다니까. 정말 주고 싶은 만큼만 줘."

그러고 보니 다른 화가들의 그림에는 가격표가 붙어 있었는데 이 사람의 그림에는 그것이 없었다.

'혹시 애당초에 별로 팔 생각이 없었던 것 아냐? 하지만 여기 나와 있는 거리의 화가들은 다들 생계를 위해 그림을 그리는 사람일 텐데.'

계속 그러고 있을 수 없어 나는 지갑을 꺼내보았다. 우리 돈으로 약 5만 원 정도가 들어 있었다. 5만 원으로 판화 작품을 산다? 있을 수 없는 일이다. 난 잡지나 단행본에 조그만 컷 한 개를 그려주고 얼마를 받았지?

"있지, 나 지금 돈이 이 정도거든. 이걸로 될까?"

놀랍게도 그는 좋다고 했다. 게다가 무척 만족해했다. 그렇게 적은 액수에. 생각해보니 여기는 쿠바다. 그 정도 돈이면 일주일 이상 먹고 놀 수 있는 돈인 것이다. 물론 현지인들에게나 해당되는 일이지만.

그들은 정성스럽게 그림을 포장해주었다. 그리고 함께 기념 사진을 찍었다.

그들과 작별을 한 후 나는 많은 생각을 했다. 단순히 나는 살기 좋은 곳에서 잘 먹고 잘살고, 자자 귀로라는 궁핍한 사회주의 국가에서 어렵게 예술을 하고 살고 있구나 하는, 그런 차원의 문제가 아니었다. 나는 도대체 왜 살고, 왜 그림을 그릴까 하는. 한없이 우울한 주제로 다시 돌아올 수밖에 없었던 것이다.

museo nacional de bellas artes
길거리의 조잡한 그림에 지쳤다면 내셔널 미술관을 찾아보자.
이곳에는 쿠바의 미술 작품들이 시대순으로 전시되어 있다.
그래픽 작품과 만화도 상설 전시되어 있다.
Zulueta와 avenida las misiones 사이에 위치
화요일부터 토요일까지

쿠바 내셔널 미술관의 리플릿

36. 사진 찍기

1 카피톨리오 앞의 즉석사진을 찍는 할아버지 2 카메라에 관심을 보이자 100년도 넘은 물건이라고 자랑했다. 3 상자에 손을 넣어보지도 않고 한 손으로 인화까지 끝낸다.

　아바나 시내, 특히 구시가지인 비에자를 걷다보면 망원렌즈를 장착한 카메라와 거대한 삼각대, 조수까지 대동한 전문 사진작가들을 자주 만날 수 있다.
　아바나는 말 그대로 카메라만 들이대면 '그림'이 되는 곳이기 때문이다. 지구상 어떤 곳에서 허물어져가는 17세기부터 20세기까지의 건물들이 조화롭게 어울리는 것을 볼 수 있을 것이며, 열대의 식물 사이를 아무렇지도 않게 달리는 화려한 색의 1950년대산 빈티지 자동차들을 파인더에 담을 수 있겠는가?
　아바나는 사진을 찍는 이라면 누구나 한 번은 들르고 싶은 그런 장소인 것이다.

　게다가 사람들은 또 어떤가. 아바나의 시민들은 조금 과장해서 모두 모델 같다. 젊은이는 젊은 대로, 나이 든 이는 나이 든 대로 자신들의 매력을 발산한다. 일종의 프라이드가 느껴진다고 할까, 그들은 카메라 앞에서 개방적이고 자연스럽다.

　전문가들이 사용하는 것에 비하면 평범하기 그지없는 디지털카메라를 들고 나 역시 아바나의 구석구석을 돌아다녔다. 하지만 역시 사진 찍기는 셔터만 누른다고 되는 것은 아니다. 꽤나 찍었는데, 몇 장 건진 것이 없다. 사진을 찍을 때마다 느끼는 것은 내가 무척 잘못된 교육을 받았다는 자괴감뿐이다.

　나는 입시미술을 해 미술대학의 디자인과를 나왔다. 시각디자인을 하면서 '감각'이라는 것을 익히고 그것을 어떻게 팔아야 하는지 배웠다. 파인더를 들여다보며 느끼고 순간을 선택한다는 느낌보다는 디자인을 한다는 생각이 든다. 파인더를 보며 레이아웃을 하고 색상을 고르고 뭔가 '예쁜' 그림을 찾고 있는 나 자신을 발견할 때면 자신이 한없이 작게만 느껴진다.

　물론 그렇게 찍은 사진이 반드시 나쁘다는 것은 아니다. 하지만 그런 사진은 10점 만점에 6점을 간신히 넘길 뿐이다. 낙제는 면하지만, 결코 좋은 사진을 얻을 수 있는 것은 아니다.

　그래서 좀더 가까이 다가가 대상과 소통을 하고 파인더를 들여다보며 디자인하지 않기. 그것이 어느 순간 사진을 찍을 때 나의 목표가 되었다.

　그렇다고 갑자기 대단한 사진이 나오지는 않겠지만 적어도 스스로의 사진을 들여다보며 편안해질 수는 있을 것 같기 때문이다.

아바나에서 즉석사진 찍기

센트로의 카피톨리오의 계단 앞에서는 매일 몇 명의 사진사가 관광객을 위해 즉석 사진을 찍어준다.
100년도 더 된 낡은 카메라로 그 자리에서 찍어 배경까지 합성해 주는데 가격은 미화 1달러.

37.
쿠바 인터내셔널 북 페어

아바나에 있는 동안 뭐 특별한 이벤트가 없나 해서 『론리 플래닛』을 뒤적였다. 다른 달에는 각종 축제가 차고 넘쳤지만 우리가 여행하는 기간에는 단 하나뿐이었다.

'쿠바 인터내셔널 북 페어'

이런, 그 많은 축제 중에 하필 북 페어라니. 정열의 도시 아바나와는 그다지 어울리지 않는다. 쿠바의 아바나는 1년 내내 춤과 음악, 럼주와 시가만 어울릴 것이라는 막연한 생각을 해왔다. 미안한 말이지만 고고하게 다리 꼬고 앉아 차를 마시며 책장을 넘기는 것은 내가 머릿속에 떠올리는 아바나의 첫 이미지와 영 맞지 않았던 것이다. 가봐야 스페인어도 모르고, 책 표지나 구경할 것이 뻔하고 해서 가지 않으려 했는데, 택시 기사가 무심코 던진 한마디에 북 페어가 궁금해졌다.

"북 페어 때문에 오셨어요?"

"에? 아뇨 그냥 놀러온 건데…… 북 페어 재미있어요?"

"어? 모르세요? 굉장히 크게 해요. 1년에 한 번인데 세계 각국의 책도 진짜 많이 볼 수 있어요."

그래서 우리는 택시를 타고 해저터널을 지나 모로성으로 향했다. 모로성은 스페인 식민지 시절 캐러비안의 해적(영국과 네덜란드의 국영 해적)을 막기 위해 아바나항 입구 절벽 위에 세워진 고풍스런 성이다. 그 성 옆에 '산 카를로스 라 카바나'라는 당시 감옥으로 쓰이던 곳이 있는데, 거기서 쿠바 인터내셔널 북 페

1 모로성의 등대 2 아바나 항 입구를 향해 포진된 대포들 3 모로성에서 내려다본 카리브 해의 모습 4 모로성의 현경과 은서. 바람이 몹시 많이 불어 머리카락이 산발이 되었다.

어가 열리고 있는 것이다.

　택시에서 내리자 오전인데도 수많은 인파가 북 페어 장소로 몰리고 있었다. 우리는 표를 산 후 한참 만에 안으로 들어갈 수 있었다.

　감옥으로 쓰이던 건물이라 그런지 북 페어가 열리는 장소는 상당히 미니멀하고 폐쇄적인 곳이었다. 각 방들을 나라별로 배치해 전시를 하고 있었는데 세계 북 페어라는 말이 무색하게도 거의 대부분 중남미의 국가였다. 아르헨티나, 멕시코, 페루, 칠레, 쿠바 등의 전시장이 꽤 큰 편이었고, 특히 올해에는 브라질 특별전이 열리고 있었다.

　전체적으로 규모에 비해 책 자체는 상당히 초라한 편이었다. 하긴 우리나라만큼 책 장정에 돈을 많이 들이는 나라도 드물다. 가난한 중남미의 나라에서 나온 책과 우리나라의 출판물을 겉모습만 보고 단순 비교한다는 것은 무리라고 생각했다. 사실 내용면에서는 그들의 책이 얼마나 세계적인가. 당장에 생각나는 남미의 작가만 떠올려도 파울로 코엘료, 마리오 바르가스 요사, 파블로 네루다, 호르세 루이스 보르헤스 등 수없이 많다. 위대한 이야기를 담는 그릇이 조금 초라하다고 비웃었다가는 낭패를 볼 일이다.

　두어 시간쯤 둘러보니 책에 치이고 사람에 치여 그만 녹초가 되고 말았다.

　돌아오는 택시 안에서 이곳 사람들은 유난히 책을 아끼고 사랑한다는 생각을 했다. 텔레비전이나 인터넷, 게임 등의 혜택(?)을 덜 받아 그런 것일지도. 만약 그렇다면, 우리나라 사람들과 이곳 사람들 중 누가 더 행복한 걸까?

1 목판화로 표지를 만든 브라질의 소책자들 2 옛 성의 구조를 그대로 이용해 전시관이 다소 답답하다. 3 브라질관의 현경과 은서 4 아티스트들이 수작업으로 만든 책자들 5 북 페어 입구의 선전판 6 북 페어에서 방금 구입한 책을 읽고 있는 엄마와 아들

38.
시가 공장에 가다

나는 골초다. 고등학교 2학년 때부터 담배를 피웠으니 올해로 20년째다. 끊으려고 무던히도 애를 썼지만 계속 실패를 거듭하다가 이제는 거의 포기했다. 그냥 피우다 가기로 한 것이다.

담배를 끊으려고 시작했던 운동을 이제는 담배를 피우기 위한 컨디션 조절을 위해 하고 있다. 그 얘기를 아는 의사에게 했더니 단박에 핀잔을 들었다.

"그런 게 통하겠어요? 역시 담배를 끊어야지."

흥, 내과 의사였으면 또 한 번 '흠, 그럼 다시 한번 끊어볼까?' 했겠지만 정신과 의사였기 때문에 그냥 무시하기로 했다.

그런 나지만 시가 냄새를 맡고 상당히 힘들었던 적이 있다.

오래전에 아일랜드에서 노르망디로 건너가는 배 위에서였는데 폭풍으로 배가 상당히 많이 흔들렸다. 나와 아내는 화장실 변기에다 먹은 것을 모두 토했다. 그래도 속이 안 좋았다. 좁은 객실이라 바람이 통하지 않아 더 심한 것 같았다.

우리는 로비로 옮겨 소파에 거의 파묻히다시피 앉아서 시간이 흘러 배가 뭍에 닿기만을 속절없이 기다렸다. 그런데 그때 무지막지한 냄새가 코끝을 자극했다. 시가 냄새였다.

어떤 수염 덥수룩한 중년의 아일랜드인이 시가를 들고 코냑을 마시며 다른 두 명과 함께 포커 게임을 하고 있었다. 배멀미 중에 시가 냄새까지 맡으니 죽을 지경이었다. 그야말로 속이 홀랑 뒤집힌 후 한 번 더 뒤집히는 것만 같았다.

멀리 피해 앉아도 시가 냄새를 피할 수는 없었다. 그날 밤은 정말이지, 악몽 그 자체였다.

몇 년 후, 주변에 은근히 시가를 좋아하는 인간들도 있고 해서 술자리에서 몇 번 피워보았는데, 의외로 나쁘지 않았다. 무엇보다 쿠바산 시가라는 말이 남자의 로망을 자극했다. 게다가 시가를 피운 후 담배를 피면 맛이 더 좋게 느껴졌다. 그후 (비싸고 구하기 힘들어서 그렇지) 나는 시가에 대해 아주 호의적인 인간이 되고 말았다.

그런 내게 쿠바의 아바나 여행은 더없이 좋은 기회였다. 쿠바, 아바나! 시가의 도시! 그러니 시가도 엄청 싸겠지? 돌아갈 때 꼭 박스채 사서 돌아가야지 하고 속으로 쾌재를 부르고 있었던 것이다. 하지만 그런 기대와는 달리 시가 가격

H.UPMAN
가장 대중적인 시가.
처음 시가를 피우는
사람들에게 주로
권한다고.

MONTECRISTO
단지 몬테크리스토
백작이 연상되어
내가 처음 물었던
시가.
1930년대 부터
만들어졌다고.

COHIBA
쿠바 시가 중
가장 유명하다.
카스트로가 애용하는
이 시가는 원래
자국민만 피울 수
있었지만,
1982년 부터
수출도 한다.

1 공장의 1층 로비에서 시가 마는 시범을 보이는 아주머니. 손놀림이 정말 빠르고 익숙했다. 2 시가 공장의 전경

이 우리나라에서 살 때와 거의 비슷했다. "원산지에 왔는데 어째서?"라고 해봐야 소용이 없다. 이 나라, 지폐도 자국민용과 관광객용을 따로 사용하는 나라가 아니던가?

시가는 물론 거의 모든 공산품에 가격이 따로 매겨져 있다. 내국인용, 관광객용 가격표가 따로. 하긴 쿠바로서는 거의 유일한 수입원인 관광객을 통해 최대한 돈을 많이 벌어들이지 않으면 곤란할 것이다. 그러니 세금을 왕창 붙일 수밖에. 하지만 일부러 멀리서 찾아온 사람들로서는 조금 아쉬운 것도 사실이다.

그걸 눈치 챈 많은 시민들이 길에서 관광객들을 유혹한다.

"시가? 코히바?"

옆으로 지나가며 시가 사겠냐며 묻기도 하고(물론 불법이라 걸리면 철창행이다).

"코인? 쿠반 코인?" 하며 체 게바라가 그려져 있는 내국인용 동전이나 지폐

1 공장에서 사온 시가를 물고 연기를 뿜는 나 2 아주머니 앞에서 포즈를 취한 은서. 아주머니는 표정도 없고 전혀 신경을 안 쓴다. 3 공장 내부에서는 촬영금지. 시가 제작 과정을 재현한 공예품 사진을 찍는 것으로 만족해야 했다.

를 사겠냐며 묻기도 한다(외국인용 지폐에는 체의 동상 그림이, 내국인용에는 초상화가 그려져 있으니 수집가들은 혹할 일이다). 평범한 시민들, 아니 노동을 할 수 없는 노인들과 장애자들이 위험을 무릅쓰고 불법 유통되는 시가 혹은 자신이 사용하는 돈을 팔려고 안달하는 것은 그렇게 보기 좋은 모습은 아니었다.

그건 그렇고 시가 공장의 위치를 지도에서 찾아보니 놀랍게도 우리가 묵고 있는 콘치타의 집에서 단지 몇 블록 떨어져 있을 뿐이었다. 공장은 관광객을 위해 견학을 정해진 시간에 하루 두어 번 한다고 한다.

우리는 가벼운 마음으로 공장을 향해 걸었다.

공장 입구에 들어서자 덩치 큰 청년이 다가와 묻는다.

"견학하게?"

"응."

"표는 저쪽에서 사. 10분 후에 올라가니까 로비에서 기다려."

"그래. 고맙다."

표를 사서 로비로 들어서자 마른 담뱃잎 냄새가 진동을 한다. 아주 우아하고 품격 있는 냄새다. 시가란 타고 있을 때보다 온전한 상태로 잘 보존되어 있을 때가 더 멋지다는 생각이 들 정도로.

로비의 벽은 온통 시가 진열장으로 둘러싸여 있었다. 코히바, 몬테크리스토, 로미오 앤 줄리에타 등 최고급 시가들이 종류별로 잘 진열되어 있다. 다른 한쪽에는 바가 있고 또 한쪽에는 한 아주머니가 갖은 인상을 쓰고 시가를 말고 있다. 기웃거리는 관광객들이 아주 귀찮다는 표정이다.

아바나산 시가 상표 모음

"여! 다들 이리와 봐! 애 좀 봐! 중국 인형 같아!"

우렁찬 목소리의 쫙 빼입은 중년 사내가 갑자기 은서에게 다가오더니 동료들에게 소리친다. 그러고는 은서를 번쩍 들어 안더니 자기들 있는 곳으로 가버린다. 우리는 본 척 만 척이다.

"애 봐! 귀엽지? 애 좀 보라고. 이런 애 봤어? 애야, 너 이름이 뭐니?"

"으, 은서요"

"운쏘? 운쏘?"

우리는 황당해하며 어정쩡하게 서 있다. 은서가 무슨 오랜만에 만난 자기 친척 조카쯤 되는 양 로비를 돌아다니며 사람들에게 소개를 한다.

"얘가 운쏘야! 운쏘!"

자기 딸을 귀여워해서인지 아내는 좋아 싱글벙글이다. 내가 보기에는 귀여운 새끼 고양이쯤으로 생각하는 거 같은데.

알고 보니 그는 이 공장의 지배인쯤 되는 인물이었다.

우리는 캐나다인 부부와 함께 공장 견학을 했다. 오전이라 그런지 그 부부와 우리밖에는 견학 온 사람이 없었다. 영어를 아주 잘 하는 젊은 가이드 하나가 붙어 친절하게 설명을 시작했다.

"먼저 가방과 소지품은 저쪽 소지품 보관소에 보관해주세요. 그리고 특히 카메라. 사진 촬영은 절대로 안됩니다. 카메라도 모두 보관소에 주시고요."

가방과 카메라를 맡기고 그를 따라 계단을 올랐다. 밖에서 봤을 때는 그렇게 크게 보이지 않았는데 제법 넓다.

젊은 가이드는 공장의 역사에 대하여 끊임없이 이야기한다. 목소리에서도 상당한 프라이드가 느껴진다. 담뱃잎의 상태를 분류하는 방부터 시작해 시가의 몸통을 마는 방, 외피를 입히는 방, 완성된 상태를 점검하는 방, 박스에 담는 방을 차례로 구경시켜준다. 모든 공정이 수작업으로 진행된다는 이야기를 몇 번이나 강조한다. 보관상자는 이탈리아에서 만든다는 이야기를 하고 그 상자의 나무 재료는 캐나다산이라는 말도 한다. 캐나다인 남자는 무척이나 자랑스러워하는 눈치다. 그의 아내는 그런 남편이 조금은 한심한 듯 쳐다본다.

한 직원이 다가와 우리에게 한참 설명하던 가이드에게 뭔가를 주고 간다. 아놀드 슈왈츠제네거 주연의 영화 「코만도」 DVD다.

"봤어? 코만도야. 코만도라고. 웃기지 않아? 코만도라니."

아내는 정작 볼 것은 안 보고 쓸데없는 것에만 신경 쓰는 나를 한심한 눈으로 아주 잠깐 바라본다. 하지만 정말 웃기지 않은가. 코만도라니.

20여 분 만에 우리의 시가 공장 견학은 끝이 났다.

"자, 그럼 이제 시가를 사볼까?"

하지만 막상 시가를 사려 하자 고르기가 정말 힘들었다. 종류도 다양하고, 가격은 더욱 다양하고. 결국 코히바 다섯 개가 든 작은 상자를 골랐다. 애당초 구입하려던 커다란 상자는 일찌감치 포기했다. 꼭 비싸다는 이유 때문만은 아니었고 공장 견학까지 하고 나니 조금은 시들해졌다고나 할까? 그다지 시가 욕심이 생기지 않았다.

은서는 나름 굉장히 기분이 좋아 보인다. 시가를 만드는 공정이 마냥 신기했는가 보다. 게다가 뜻하지 않던 환대도 받고.

하지만 나는 막연한 기대가 의외로 싱겁게 끝나서인지 별다른 감흥이 없었다.

우리는 점심을 먹기 위해 레스토랑을 향해 걸었다.

real fabrica de tabacos partagas
센트로의 카피톨리오 바로 뒤에 있어 찾기 쉽다.
Clle industria 524
월요일에서 토요일 오전 9시 30분에서 11시, 오후 12시 30분에서 3시까지 개방한다.

공장의 매니저가 은서가 예쁘다며 특별히 챙겨준 리플릿. 나도 달라고 했는데 무시당했다.

39.
그날 밤에 생긴 일

아바나 센트로의 야경

센트로 아바나의 그랜드 시에트로 데 라 아바나, 그 앞을 지나다 발레 공연 포스터를 보았다. 정확하게 말하면 포스터는 아니었다. 붙박이로 극장의 기둥에 부착되어 있는 거대한 아크릴 액자 위에 직접 페인트로 쓴, 그런 조잡한 공연 소식이다. '그랜드 시에트로 데 라 아바나'라는 거창한 극장 이름과는 전혀 어울리지 않는다. 거기에는 「라 트라비아타」 발레 공연을 3일 동안 한다고 씌어 있었다. 아내와 은서가 보고 싶다고 해서 표를 사려는데 매표소가 보이지 않는다. 극장 경비를 서는 남자에게 물어보니 한 아주머니를 가리키며 말한다.

"저 사람한테 사. 지금 사는 게 좋을 거야. 다 팔리면 사라지니까."

"사라지다니?"

"표를 다 팔면 집에 간다구."

스포츠 점퍼를 입은 중년 아줌마의 이미지는 거의 암표상의 이미지와 흡사했다. 아무런 표식도 없이 그랜드 시에트로 데 라 아바나에서 하는 발레 공연 티켓을 팔고 있는 것이다. 암표상까지는 아니더라도 기껏해야 호객꾼 같아 보인다.

"저기, 오늘밤 공연표 사고 싶은데."

"어, 몇 장 필요한데?"

"두 장."

쿠바의 발레가 세계적으로 유명하다는 것은 알고 있었지만 내 취향은 전혀 아니다. 차라리 난 아바나의 밤 문화를 조금이라도 즐기고 싶었다. 그래서 아내와 딸의 표만 구한 것이다.

사실 난 아바나에 도착한 이후로 줄곧 불만이 하나 있었다. 일찍 자고 일찍 일어나는 은서의 시간에 우리가 맞추고 있었기 때문이다. 우리는 10시에 잠자리에 들고 아침 7시에 일어난다. 아바나에서. 이런 식으로 밤에 잠만 잔다면 아바나에 갔다 왔다고 말할 수 있을까 라는 생각이 계속 내 머릿속을 맴돌았다.

'이거야 거의 양로 관광이잖아. 뭔가 자극이 필요해. 이렇게 아바나를 보고 떠나면 다시 이곳에 오지 않는 한 돌아가서 평생 후회할 거야.'

공연 시간인 오후 8시가 다가오자 우리는 저녁을 먹고 극장으로 향했다. 그리고 극장 앞에서 헤어졌다.

발레 공연 티켓.
사용했다는 증거로 오른쪽 상단 구석을 조금 찢는다.

"두 시간 후에 끝나니까 이 앞에서 만나."

시간이 그렇게 많은 것은 아니었지만 그 정도면 뭐든 즐길 수 있지 않을까 생각했는데 이런, 나이트클럽이나 술집은 죄다 11시 이후부터 시작이다.

'뭐야. 이래서는 나이트라이프고 뭐고 다 틀렸잖아! 그럼 애들 나올 때까지 뭐하지?'

홍대 앞의 클럽도 물이 오르려면 12시는 지나야 한다. 여기는 아바나. 아예 문 여는 시간이 11시, 12시다.

나이트클럽 문 앞에 멍하니 서 있던 나는 아바나의 밤거리를 배회하기 시작했다.

'햐, 이럴 줄 알았으면 그냥 발레나 보는 건데.'

어둑어둑한 센트로 아바나의 거리에는 오가는 사람도 별로 없었다. 한 시간 쯤 시내를 배회하다 극장 앞으로 돌아왔다. 극장 앞 공원에 있는 호세 마르티의 동상이 어둠 속에 흐릿하게 서 있다. 공원의 벤치에 앉아 담배에 불을 붙였다.

"저, 담배 불 좀 빌려줄래?"

"어? 어."

어림잡아도 팔등신이 넘는 아가씨가 담뱃불을 빌려달라고 했다. 당황스러웠다. 공원의 어둠 속에서 담배를 물고 나타난 그녀는 현실의 인간처럼 보이지 않았다. 담배에 불을 붙인 그녀는 내 옆에 앉았다. 그리고 연기를 내뿜으며 입을 열었다.

"어느 나라? 일본?"

"아니. 한국."

"호! 북이야 남이야?"

조악하게 인쇄된 살사 바 리플릿

"남."

"와, 너희 나라 잘살지?"

"그냥 뭐."

"여기서 뭐해?"

"아내랑 딸 기다려. 저기 극장에 발레 보러 갔어."

"발레 좋지. 근데 넌 안 갔네?"

"난 발레 그냥 그래."

"나도 그래. 난 그냥 살사가 좋아. 살사 좋아해?"

"아니. 춤 못 춰."

"나랑 클럽 안 갈래? 굉장히 재미있는 곳이야. 그냥 나이트클럽이랑은 달라. 친구들끼리 모여 노는 곳이지. 갈래?"

"나 지금 아내 기다린다니까."

"정말 재미있다니까. 술값도 싸고, 여자애들이랑 놀 수도 있어."

"아니, 아니. 됐어. 관심 없다구."

일종의 호객이었다. 내가 자리에서 일어서자 어둠 속에서 한 사나이가 나타났다.

"이봐, 담뱃불 좀 빌려줘."

이건 또 뭐야 하는 병한 표정으로 그를 쳐다보았다. 그러자 갑자기 사내가 웃으며 말을 한다.

"난 얘 친구야. 잠깐 얘기 좀 할 수 있을까?"

"아니. 난 할 얘기 없는데?"

"헤헤. 흥미 있는 애긴데? 있지, 얘 말고도 여자는 많아. 다들 영어도 잘하고 이뻐. 그리고 싸. 물론 우리한테는 꽤 돈이 되지만 너 같은 관광객에게는 껌값이라고. 참, 그리고 창녀 같은 거 아냐. 다들 자기 일 하는 사람들이지. 이봐, 긴장할 거 없어. 그냥 재미있게 놀자는 얘기라구. 헤헤. 근데 여기서 이러는 건 사실 위험해. 우리 클럽에 가서 얘기할까?"

나는 대답하지 않고 등을 돌려 극장 쪽으로 걸었다. 그들은 더 이상 날 따라오지 않았다. 그들은 공원의 어둠 속에 그대로 서 있고 나는 가로등의 빛으로 나왔다.

30분쯤 후에 공연이 끝나고 관객들이 몰려나왔다. 아내와 은서의 모습이 보였다.

"어땠어? 발레 좋았어?"

"응, 재미있었어. 어땠어? 클럽 갔어?"

"아니, 그냥 걸었어."

우리는 셋이 손을 잡고 민박집으로 돌아왔다.

아바나에서의 안전

아바나는 생각보다 관광객들에게 안전한 곳이다.
언제 어디서나 순찰을 돌고 있는 경찰과 군인을 볼 수 있다.
하지만 아바나의 시민 중에는 각종 불법 행위를 시도하기 위해 접근하는 이들이 있는데, 일반적으로 불법 시가 판매, 지폐 교환, 매춘을 위해서다.
관광객은 불법 행위를 하지 않는 한 문제 될 것이 없다.

아내의 독백 06

발레 공연에서 만난 학생들

현대 무용과 고전 발레가 옴니버스식으로 구성된 발레 공연은 7살짜리 꼬마도 흥미진진해하는 장장 3시간짜리 공연이었다.

40. 골동품 상점에서

1 내가 산 엽서의 뒷면에 까세를 해주는 카를로스 씨 2 카를로스 씨의 부엌 모습 3 카를로스 씨의 골동품 상점 내부 모습 4 친절한 카를로스 씨와 은서

비에자를 향해 무심코 걷다가 발견한 그 골동품 상점에는 간판조차 걸려 있지 않았다. 다른 가정집처럼 안이 훤히 들여다보이도록 창을 열어두어 '호? 여긴 골동품을 취급하는 가게로군' 하고 알 수 있을 뿐이었다(물론 강철로 된 쇠창살은 있다).

종류도 몇 개 되지 않는데다가 조악한 상품투성이인 아바나의 일반 상점에 비해 그 골동품 상점은 화려하기 그지없었다. 들어가서 구경을 하려는데 문이 잠겨 있었다. 문 앞에서 기웃거리는 것을 보고 저쪽에서 한 사나이가 "구경하게? 잠시만 기다려. 금방 주인이 돌아올 거야"라고 이야기해주었다.

잠시 후 그의 말대로 런닝만 걸친 배 나온 중년 아저씨가 웃으면서 다가와 문을 열어주었다.

"어느 나라 사람?"

"한국이요, 남쪽."

"호, 그래? 일본 사람들이 우리 가게에 자주 와. 아까는 어떤 일본인이 50년대에 나온 「라이프」지를 한 권 사갔지."

"와, 물건이 정말 많군요. 멋져요."

"응. 멋져. 이리 와봐. 화장실이랑 침실, 부엌에도 많아."

"화장실에도 물건이 있어요?"

"그럼. 난 옛날 물건이 정말 좋아. 난 이 가게에서 먹고 잔다구."

"저, 사진 찍어도 되요?"

"그럼! 맘대로 찍어. 아, 그리고 덩치 큰 물건은 옥상에 있으니까 올라가서 봐. 저쪽에 계단이 있어. 계단에도 물건이 많으니까 조심해. 참, 내 이름은 카를로스야."

"에? 또 카를로스? 여기 남자들은 절반이 카를로스인가 봐요."

"하하하. 카를로스란 이름이 흔하긴 하지."

우리는 천천히 상점 안을 구경했다. 대부분 혁명 전의 물건이었지만 어떻게 구했는지 7~80년대의 미국산 물건도 눈에 띄었다.

"아, 저기 저 애가 내 아들이야. 요리사지."

"아, 안녕하세요?"

"안녕?"

요리사는 건성으로 인사만 하고 나가버린다. 그저 또 손님이군 하는 표정이다. 왠지 이런 곳에서 오래된 물건과 뒤엉켜 사는 아버지에게 불만이 있어 보인다. 물론 지극히 개인적인 내 느낌이다.

기념이 될 만한 물건을 하나쯤 구입하려고 찾았지만 적당한 것을 찾기 힘들었다. 작은 것까지 조화롭게 꾸며져 있어 어떤 것 하나만 집어들어도 균형이 무너질 것만 같은 모양새다. 카를로스가 눈치를 챘는지 이것저것을 권한다. 우표, 동전, 엽서 같은 소소한 것이다. 우리는 엽서를 두 장 골랐다.

돈을 치르고 나오려는데 "여기 방명록에 글 좀 남겨줘. 손님한테 글을 받고 있거든. 한국말로 써도 돼."

노트에 글과 그림을 그리고 가게를 나왔다. 카를로스 씨는 친절하게도 문 앞까지 나와 배웅을 했다.

"또 오라고, 친구들!"

카를로스 씨의 가게에서 산 엽서.
그가 직접 뒷면에 기념 사인을 해 주었다.

아바나에서 기념품 사기

시내를 돌아다니다 보면 유명 관광지치고는 상점이 유난히 눈에 띄지 않는다.
공산품이 발달하지 않아 볼펜 한 자루 구하기가 쉽지 않다.
아르마스 광장 근처의 상설 토산품 시장이 물건도 다양하고 가격도 저렴하다.

41.
아바나 트로피카나 쇼

나는 뭔가 아바나의 밤 문화를 즐겨보겠다는 나름대로 소박한 소망을 이루고자 결국은 비에자에 있는 공연 티켓 판매소에서 '아바나 트로피카나 쇼' 티켓을 구입했다. 『론리 플래닛』에도 소개가 된 쇼이니 내용도 믿을 만했고, 무엇보다 팸플릿의 사진이 마음에 들어서였다. 반라의 쿠바 여인들이 화려한 깃털을 달고 무대 위를 수놓는 것을 꼭 보고 싶었던 것이다.

시내에서 꽤 먼 공연장에서 밤 11시에 공연하는 것이라 아내와 딸애는 가지 않기로 했다. 사실 아이들이 볼 만한 공연이 아니라는 것을 사진만 봐도 한눈에 알 수 있었다. 둘은 이미 보고 싶다던 발레 공연을 보았으니 불만은 없었다.

"맘껏 즐기다 와."

"걱정 말고 먼저 자. 사진 많이 찍어 와서 보여줄게."

공연장까지 센트로 아바나에서 택시로 거의 한 시간 가까이 간다는 말을 듣고는 9시 반에 택시를 잡아탔다. 택시는 말레콘과 베다도를 지나 한참을 달렸다. 괜히 초조해진 나는 무뚝뚝한 택시 기사에게 물었다.

"아직 멀었어?"

"응? 공항 금방 도착해."

"뭐? 공항? 난 아바나 트로피카나 쇼 보러 간다니깐!"

"헤헤, 농담이야 농담. 진정해. 한 10분 정도만 더 가면 돼."

농담이라고 했지만 괜히 겁이 났다. 시내를 벗어난 후로는 불빛도 거의 없고 건물도 상당히 후줄근했다. 게다가 인적조차 찾아볼 수가 없다. 쿠바 전체가 잠을 자는 듯했다. 어디에다 차를 세우고 흉기라도 들이대면 꼼짝없이 당할 것 같았다.

나는 온갖 상상을 하기 시작했다. 각종 액션영화에서 봐왔던 주인공들의 위기대처법을 머릿속에 떠올리며 언제 어떻게 발생할지 모를 위기의 순간에 어떻게 기지를 발휘할 것인지 생각해내기 시작했다. 실제로 얼마나 도움이 될지는 미지수지만. 한참 손아귀에 식은땀까지 흘리며 상상을 하고 있는데 기사가 입을 열었다.

"다 왔어. 저기야."

주차장에는 단체관람객들이 타고온 관광버스들이 즐비했다. 티켓을 교환하러 영수증을 들고 줄을 섰다. 그런데 줄이 영 엉망이다. 서로 티켓을 먼저 교환하려는 중·노년의 양키 아줌마, 아저씨들이 서로 뒤엉켜 뒤죽박죽이었다.

'흠, 제멋대로인 사람들은 어디에나 있군.'

겨우 내 차례가 되어 티켓을 바꾸려는데 한 중년의 사내가 은근슬쩍 내 앞으로 새치기를 한다.

"이봐요, 미스터. 내 차롄데요."

"어, 그래. 누가 뭐래? 먼저 해."

티켓을 바꾸고 소란스러운 그곳을 빠져나와 입장을 하려는데 이번에는 안내원이 앞을 가로막는다.

"잠깐만요. 카메라 있으세요?"

"에? 네."

"카메라 가지고 입장하시려면 카메라 표를 사셔야 해요."

어이가 없었지만 별 수가 없다. 나는 카메라의 입장권까지 구입한 후에야 결국 쇼장에 발을 들여놓을 수 있었다.

잠시 후, 현란한 아바나 트로피카나 쇼의 막이 올랐다. 오감을 자극하는 대단한 규모의 공연이었지만 기분이 영 꽝이었다. 뭔가 박제된 느낌, 바로 그것이 문제였다. 그 공연은 전형적인 관광객을 위한 전형적인 공연이었다. 가보지는 않았지만 라스베이거스에 가서도 왠지 똑같은 공연을 볼 수 있을 것만 같은, 그런 느낌이었다. 노년의 단체 관광객들이 짧은 쿠바 여행을 하는 동안 하룻밤 볼거리로 즐기기에는 안성맞춤이지만 젊은이가 혼자 와서 럼주를 홀짝이며 보기에는 영 아니었다는 이야기다. 무슨 쇼든지 혼자 봐서 흥이 나겠는가?

돌아오는 택시 안에선 쓸데없는 것에 집착한 것 같아 스스로의 한심함을 탓해야 했다. 결국 나는 경험해보지 않으면 그나마 알 수 없는 것이라고 자신을 달랠 수밖에 없었다. 그렇게 머릿속을 억지로 정리할 즈음 택시는 센트로 아바나의 불빛 사이로 들어섰다.

사진 찍는답시고 돈까지 내고 카메라를 들고 들어갔는데 달랑 건진 사진은 이것 한 장. 트라이포드 없이 찍기는 정말 힘든 광경이었다.

트로피카나 나이트클럽

쿠바에서 가장 유명한 나이트클럽인 트로피카나 나이트클럽은 1939년에 처음 문을 열었다.
한때 냇 킹 콜도 공연한 적 있는 이 클럽은 지금도 1950년대 스타일로 공연을 한다.
비에자 거리에 있는 공연 티켓 부스에서 예약을 해야 한다.

42.
안녕, 아바나

아침 일찍 콘치타와 작별 인사를 하고 그녀의 집을 나왔다. 콘치타는 우리네 어머니, 할머니처럼 헤어짐이 슬퍼 눈시울을 붉힌다. 그녀와 우리는 아마 다시는 만날 수 없을 것이다. 누군가와 헤어지며 그를 다시는 볼 수 없을 것이라는 느낌처럼 슬픈 것은 없다.

프라도 거리에서 택시를 잡아타고 공항으로 향했다. 우리가 여행했던 어느 도시의 인상과도 달랐던 아바나의 골목이 차창을 스친다. 허물어져가는 바로크식 베란다에 나부끼는 원색의 빨래, 언제 멈춰버려도 아무렇지도 않을 것 같은 미국산 빈티지 자동차, 골목마다 울려퍼지는 아프로 쿠반의 선율, 낯선 이에게 서슴없이 다가와 말을 거는 사람들.
　자유라는 단어를 그 어떤 곳에서보다 많이 볼 수 있는 나라 쿠바, 아바나. 아바나가 우리에게 준 시간을 영원히 잊을 수 없을 것이다.

1 해질녘의 아바나 센트로 2 비에자에 있는 식민지 시절의 다양한 건물들 3 해 지는 아바나의 모습 4 낡은 건물들을 화려하게 장식하는 빨래 5 거리에서 야구를 하는 소년들 6 다 낡은 건물이지만 방마다 사람이 살고 있는 것이 신기하다.

아바나 거리의 풍경

1 공업성 건물 벽에 있는 철골로 만든 체 게바라 얼굴. 밑에는 '승리할 때까지'라고 적혀 있다. 2 아르데코의 건축물과 묘한 조화를 이룬 흰 벽면의 건물 3 전화부스가 아닌 나이트클럽의 입구. 나이트클럽은 보통 밤 11시쯤에 연다. 4 수도 시설이 빈약한 이유로 대부분의 건물 옥상에는 물통이 설치되어 있다. 5 내셔널 갤러리 앞에 있는 루이스 부르주아의 조각 '거대한 거미' 6 그라피티가 그려진 길을 걷고 있는 엄마와 아이들

은서의 일기  05

내가 찍어온 트로피카나 나이트클럽의 사진들을 보고 은서가 그린 그림. 화려한 무희들의 모습을 보지 못한 것이 아쉬웠던 듯.

춤추는 언니

언니들 옷이 예뻐서 꼭 보고 싶었는데 우린 못 갔다.

아빠 혼자만 갔다.

아이들은 못 간다고 했다.

너무 깜깜한 밤중에 해서 그런다고 했다.

그래서 엄마랑 난 사진으로만 봤다.

언니들이 정말 예뻤다.

43.
'여자들의 섬'으로

언젠가 여행의 진정한 즐거움은 갔던 곳을 다시 여행할 때라는 이야기를 들은 적이 있다. 또 누군가는 정반대의 이야기도 했다. 어떤 곳을 가든 첫인상이 가장 중요한 법이고, 당연히 어떤 도시든지 처음 여행할 때가 가장 좋다는 것이다. 같은 곳을 두세 번 가다보면 그 익숙함이 식상해진다는 이야기다.

개인마다 본 것과 경험한 것이 다르니 어떤 것이 맞다 아니다라고 말할 수 있는 문제는 아니지만, 칸쿤으로 돌아왔을 때 우리의 느낌은 무척 편안했다. 이미 한 번 거쳐 간 곳이라서 그랬고, 우리가 묵었던 호텔에 우리의 짐 절반이 맡겨져 있기 때문이기도 했다. 우리는 고향에 도착한 것마냥 온몸의 긴장이 풀렸다.

공항에서 리무진 택시를 타고 짐이 맡겨져 있는 호텔로 향했다. 호텔에서 짐을 찾아 다시 같은 리무진을 타고 칸쿤 북쪽에 있는 페리 선착장으로 향했다. '이슬라 무헤레스'라는 폭이 좁고 긴 작은 섬으로 가기 위해서였다. 우리는 그곳에서 이번 여행의 마지막 일주일을 보내기로 했다.

한 달 동안 멕시코시티, 칸쿤, 아바나를 발로, 또 차로 정신없이 돌아다녔다. 이번 여행의 마지막 일주일은 한적한 섬에서 아무것도 안 하며 조용히

쉬는 것이 우리의 목적이었고, 그 섬은 여러모로 우리가 찾는 바로 그런 장소였다.

이슬라 무헤레스 섬은 너비 1킬로미터, 폭 8킬로미터에 불과한 아주 작은 섬이다. 칸쿤의 북단에 있는 이 섬의 이름은 '여자들의 섬'이란 뜻으로, 그 이름은 과거 스페인의 침략자들이 이 섬에서 마야의 여인상을 발견한 것에서 유래되었다고 한다. 예쁜 토속 공예품 가게, 고운 모래가 가득한 해변, 손꼽히는 다이빙 포인트 덕분에 이 섬을 찾는 관광객은 꽤 많은 편이었지만, 대부분의 관광객이 하루 코스로 잠깐 스쳐가는 곳이어서 몇 곳만 피하면 무척 한적한 곳이다.

선착장을 떠나 20분 만에 이슬라 무헤레스 섬에 도착했다. 오후 6시가 넘은 시각이었다. 우리는 『론리 플래닛』에 표시해둔 호텔을 향해 걸었다. 그런데 예상과는 달리 방 구하기가 쉽지 않았다. 마음에 드는 적당한 호텔에는 방이 없었고, 방이 있는 곳은 환경이 별로 좋지 않았다. 사실 예약도 하지 않고 호텔을 잡는다는 것은 어리석은 짓이었다. 칸쿤은 멕시코이긴 하지만 미국의 휴양지와 같은 곳이다. 예약이 필수인 장소라는 이야기다.

큰 가방을 몇 개씩이나 들고 이 호텔 저 호텔을 기웃거리던 우리는 그냥 아무 곳에서 하루 묵기로 했다. 거의 두 시간을 그러고 다녔더니 무척 지쳤기 때문이다. 은서도 흐느적거리기 시작했다. 일단 아무 곳에서 하룻밤을 자고 내일 낮에 나머지 날을 보낼 호텔을 찾자고 생각했다. 그래서 해변의 한 호텔에서 체크인을 하려는데 아내의 얼굴이 새파래졌다.

"내 핑크색 가방 못 봤어? 여권이 들어 있는."

"그걸 내가 어떻게 알아? 내가 든 가방만 세 개라고. 잘 찾아봐."

"없어."

아내가 항상 들고 다니는 핑크색 가방이 없어졌다. 그 가방에는 남은 현금

과 우리의 여권이 들어 있었다. 아내는 그
걸 이번 여행 내내 항상 옆으로 매고 다녔
는데 갑자기 사라진 것이다.

우리는 마른 침을 삼키며 지금까지 돌
아본 호텔들을 역추적해 돌았다. 섬이 작
은 게 다행이라면 다행이었다. 방을 물어
봤던 어느 호텔 카운터에 두고 왔을 거라
생각했다. 하지만 어느 호텔에도 가방은
없었다.

최악의 경우였다. 여권이 없으면 집으로 가는 비행기를 탈 수 없을 뿐만이
아니라 당장 호텔에도 들어갈 수가 없기 때문이다.

"택시에 두고 내리지 않았을까?"

"나한테 자꾸 묻지 말라고. 네가 가지고 있던 거니까 잘 생각을 해봐. 마지
막으로 가방을 푼 곳이 어디야?"

"페리 탈 때도 있었던 것 같아."

"있었던 것 같다고? 이런."

우리는 마지막으로 희망을 품고 페리 선착장으로 향했다. 선착장의 사무원
에게 사정을 이야기했더니 그런 분실물은 없었다고 한다. 하지만 알아보겠다고
했다. 마침 페리 한 대가 선착장에 들어섰다.

나와 은서는 선착장의 벤치에 힘없이 앉았다.

"아빠, 그 가방 없으면 집에 못 가?"

"응, 못 가. 우리 여기서 살까?"

"아니. 나 집에 가고 싶어."

"여기가 얼마나 좋은데, 맨날 수영하고 그림이나 그리면서 살자."

"흐응, 싫은데."

"아냐, 아냐. 농담이야, 농담. 울지 마. 가방 찾지 못해도 집에 갈 수 있어. 걱정 마. 알았지?"

"응."

도착한 페리에서 마지막 손님이 내렸다. 선착장의 직원과 아내는 페리의 선장에게 다가가 물었다.

"이봐! 이분이 핑크색 손가방을 잃어버렸다는데, 그런 습득물 있었어?"

"핑크색 손가방? 그런 거 없는데. 다른 페리 아냐?"

"글쎄, 알 수 없지."

"잠깐만 기다려 봐. 맞아. 핑크색 말고 빨간색 가방은 있는데."

"어디 줘 봐."

선장은 선착장 구석의 작은 사무실에서 빨간색 가방을 가져왔는데, 그건 바로 우리가 찾던 핑크색 가방이었다. 눈물까지 글썽이며 "그라시어스"를 연발

하는 아내.

    그때 아내의 얼굴은 이번 여행 중 가장 행복한 표정이었다.

    우리는 해변의 호텔로 돌아가 체크인을 한 후 짐을 풀고 저녁을 먹었다.

    그리고 이내 편안하고 깊은 잠에 빠졌다.

이슬라 무헤레스 섬

칸쿤 북단에 있는 섬으로, 너비 1킬로미터, 폭 8킬로미터 정도 되는 길고 작은 섬이다. 스페인 침략자들이 이 섬에서 마야의 여인상을 발견해 이름을 '여자들의 섬'이라고 붙였다.
칸쿤의 Puerto juarez에서 여객 페리가, Punta sam에서 카페리가 수시로 출발한다.

1 이슬라 무헤레스 섬의 공동묘지. 무덤마다 크고 작은 현란한 성상들이 세워져 있다. 2 호텔 잔디밭의 소라 장식 3 한 건물 지붕 위의 방위표 4 바의 벽면에 그려진 코로나 광고 5 모두 해변으로 간 한낮의 섬 거리는 왠지 쓸쓸하다. 6 관광객이 신기한 섬 고양이 7 낮에는 화려한 상점들도 거의 문을 닫는다.

이슬라 무헤레스 섬의 풍경

1 공동묘지의 성상 2 섬의 골목에서 만난 흑백 고양이 3 한 가게의 선반에 놓여 있던 해초 4 공예품 상점에서의 은서

1 '여자들의 섬'에서 맞은 일출 2 해변의 바에 걸려 있던 청새치 모형
3 여전히 시가에 지대한 관심을 보이는 은서 4 집집마다 이런 식으로
자신들의 표식이 그려져 있다. 5 연두색 선인장

44.
비바 이슬라 카사 데 아르테

1 해변에서 구한 쓰레기들도 토미에게는 소중한 오브제가 된다. 2 토미와 이야기하는 현경과 은서 3 토미의 작업대 위, 벽의 섬세하고 채도 높은 작은 그림들이 귀엽다. 4 토미의 작업 선반 위

한적한 오후, 따가운 햇살이 드리운 이슬라 무헤레스의 골목을 걷다가 재미있는 가게를 발견했다. 손으로 그린 작은 간판에는 '비바 이슬라 카사 데 아르테'라고 적혀 있었다. 창을 통해 들여다본 그 안은 별천지였다.

두 벽에는 해변에 굴러다니는 낡은 고무 슬리퍼의 조각, 산호초 부스러기 같은 바다가 토해 놓은 갖가지 볼품없는 조각들을 오브제로 사용한 크고 작은 작품들이 걸려 있었다. 바닷가에 널려 있던 그런 조각들은 자유롭고 화려한 색채의 일러스트레이션과 아주 잘 어울렸다.

이곳을 꾸려가는 '토미'라는 이름의 미국인은 전에 고향 멤피스에서 사업을 했다고 한다. 취미로 그림을 그리던 그는 휴가차 이슬라 무헤레스 섬에 오게 되었고, 은퇴한 후 이곳에서 살아야겠다고 마음먹었다고 한다. 정말로 그는 은퇴를 하고 아내와 함께 화구함을 들고 이곳에 정착했다.

큰 키에 깡마른 그는 시종일관 웃음을 잃지 않고 자신이 만든 작품에 대해 우리에게 설명해주었다. 작품 설명이 대단한 것은 아니었다. 슬리퍼 조각을 어디서 주웠는지, 빈 시가 상자를 어느 곳에서 다량으로 발견했는지와 같은 이야기가 전부였다.

우리도 그림을 그린다고 하자 와서 같이 살자고 농담을 한다. 행복한 그의 모습을 보고 있으니 정말 그렇게 하고 싶은 생각이 들었다.

이슬라 무헤레스 섬에서 볼 만한 것
섬의 다소 험한 남단에는 가라폰 국립공원이 있다.
해안가 바로 앞 산호초에서 하는 다이빙, 스노클링이 유명하다.

45.
서커스

　　이슬라 무헤레스의 북쪽 끝 공터에 서커스 천막이 들어섰다. 전날 밤까지만 해도 그곳은 동네 개 몇 마리가 어슬렁거리는 잡초가 우거진 공터였다. 그런데 오늘 점심을 먹기 위해 그 공터 앞을 지나가다 깜짝 놀라고 말았다. 홀연히 나타난 거대한 서커스 천막은 말 그대로 신비스러웠기 때문이다.

　　"서커스다! 서커스단이 왔나봐!"

　　은서보다 우리 둘이 더 신이 났다. 언제 공연이 있는지 매표소에 있는 아주머니에게 물어봤는데 영어가 전혀 통하지 않았다. 그 아주머니는 매표소 안에 있는 다른 이에게 뭐라고 말하고 그는 또 다른 이에게 뭐라 묻는다. 잠시 후 한 난쟁이 사나이가 입구를 통해 나왔다. 그도 영어를 잘 하지는 못했지만 띄엄띄엄 단어와 몸짓을 섞어가며 대화를 주고받을 수는 있었다.

　　그는 공연이 사흘 동안 세 번 있다고 했다. 예매할 필요는 없고 시간에 맞춰 오면 표를 살 수 있다고 했다. 우리는 인사를 하고 점심을 먹으러 갔다.

　　그리고 우리는 공연 마지막 날 서커스를 보러 갔다.

나는 초등학교 때 단 한 번 서커스를 본 적이 있다. 외국 서커스단이었는데 어느 나라 사람들이었는지 통 기억이 나지 않는다. 하지만 사자가 서울운동장(지금의 동대문 운동장)을 마구 뛰어다니던 것만은 생생히 기억한다. 그때 거리가 너무 멀어서 사자가 강아지만하게 보였던 것도.

설레는 마음으로 줄을 서서 표를 산 우리는 공연 천막으로 들어섰다. 밖에서 보던 것보다 커 보이지 않는 공연장이다. 하지만 하룻밤에 세우기는 여전히 불가능해 보인다. 천막은 그렇다 치고 공연에는 코끼리, 사자, 말, 원숭이 등 별의별 동물들이 다 등장하는 것이었다. 도대체 이 작은 섬에 이들은 언제, 어떻게 그렇게 조용히 숨어든 것일까?

아내와 은서는 서커스 구경이 처음이었다. 은서는 휘둥그런 눈으로 시종일관 서커스 무대에 시선을 고정했다. 은서뿐 아니라 서커스 구경을 온 이슬라 무헤레스의 모든 어린이들이 서커스에 서서히 빠져들었다. 공연이 끝나고 나오며 나는 은서에게 말했다.

"은서야. 너 그 책 알지? 『서커스를 따라간 아빠』. 거기 나온 아빠처럼 나도 서커스단 따라갈까? 그리고 서커스 기술을 배워 1년 후에 돌아오는 거지."

"아니, 가지 마."

은서는 내 손을 꼭 잡으며 말했다.

다음날, 서커스 천막은 처음에 그랬던 것처럼 홀연히 사라지고 그 공터에는 아무 일도 없었던 듯 동네 개들만 남아 뛰놀고 있었다.

아내의 독백 07

서커스와 막대 사과

서커스를 볼 수 있다니. 그것도 이렇게 작은 섬 이슬라 무헤레스에서...
우린 난쟁이 아저씨께 표를 받아들고 너무 흥분하고 있었다.

46.
여행, 빛의 터널 끝에서 유턴

멀어져가는 아이스크림 아저씨

    오후, 이슬라 무헤레스의 해변에 누워 볕을 쪼인다. 카리브 해의 바닷물이 종아리를 적신다.

    이제 내일이면 짐을 싸 페리를 타고 이 섬을 빠져나갈 것이다. 그리고 칸쿤의 공항으로 가 멕시코시티로 향하는 비행기에 오를 것이다. 우리는 멕시코시티와 LA를 경유해 서울로 향할 것이다. 꼬박 하루가 걸릴 거다. 좁은 비행기 안에서 뒤척이며 잠을 설치겠지. 꾸역꾸역 억지로 입에 넣는 기내식은 다시는 먹고 싶은 생각이 들지 않겠지. 하지만 몇 번이고 끼니마다 다시 먹게 되겠지. 인천에 도착하면 공항버스를 타고 집으로 향할 것이다. 녹초가 되어 집에 도착한 우리는 밥을 해 먹고 여행을 떠나던 날처럼 설렐 것이다.
 이미 여행은 끝났지만 집에 돌아왔다는 이유만으로 그럴 것이다. 침대에 누워 『오즈의 마법사』에 나왔던 그 대사를 다시 한 번 생각하게 되겠지.

 "세상에 집만한 곳은 없다."

 생각이 그렇게 지구를 반 바퀴 돌았을 때 아이스크림 장수가 지나갔다. 커다란 아이스박스를 끌고 힘겹게 모래사장을 가로지르고 있다. 아저씨에게 막대 아이스크림을 샀다. 우리는 아이스크림을 혀로 핥으며 쿠바 쪽의 수평선을 바라보았다. 이번 여행 동안 만났던 수많은 풍경과 사람들의 얼굴이 스쳐 지나갔다. 다시 볼 수 없는 풍경, 다시 볼 수 없는 사람들의 얼굴이.

 여행을 한다는 것은 자신의 터전을 잠시 떠나는 것. 세상을 떠나는 것에 대한 예행연습. 하지만 여행은 다시 자신의 장소로 돌아올 수 있다는 것이 다르다. 그리고 그만큼 손아귀에 쥔 것을 버리고 다시 시작할 수 있다.
 머릿속이 다시 안개로 가득 찼을 때 우리는 또다시 떠날 것이다. 장소도 시간도 상관없이.
 어쨌든 헌 껍질을 벗고 다시 시작할 수 있으니까.

| 에필로그 |
이슬라 무헤레스에서의
마지막 밤
— 선현경

여행의 마지막 날.

어쩐지 모두들 들떠 저녁을 먹고 섬의 밤거리를 산책했다.

마지막이란 말은 사람을 조금 감상적이게 만든다. 밥을 먹다가 잠이 들 정도로 늘 피곤해하던 은서도, 해만 지면 그저 눕고 싶던 나와 남편도, 어제처럼 바로 숙소로 돌아갈 마음이 조금도 없는 걸 보면 말이다. 거리를 기웃거리다 슈퍼에 들러 작은 데낄라 한 병을 사들고 해변가 모래사장으로 걸어갔다. 한적한 해변의 밤은 조금 쓸쓸해 보인다.

파도 소리를 들으며 모래 위에 누워 잔도 없어 술을 병 뚜껑에 조심스럽게 부어 한 잔씩 걸치니 서울로 다시 돌아가고 싶은 마음이 사라진다.

"우리 그냥 눌러앉을까?"
"그럴까?"

너무 로맨틱한 대화다. 그래서 전혀 현실감이 없다. 그런 시덥지 않은 대화를 나누는데 아까부터 모래를 열심히 파고 있던 은서가 모래를 잔뜩 손에 들고 와 묻는다.

"엄마, 공산주의가 다 같이 잘사는 거라고 했지. 근데, 쿠바는 왜 못살아?"
쿠바에 온 뒤부터 딸의 질문이 너무 고차원적이다.
아마도 전력이 모자라 유난히 어두웠던 나라 쿠바가, 다 허물어져가는 건물에 사는 쿠바 사람들의 모습이 어린 은서에게도 내내 궁금했던 모양이다.
모두 함께 공동으로 힘을 모아 잘 먹고 잘살아보자는 공산주의. 생각해보면 그것 역시 너무 로맨틱하다. 그래서 현실적이지 못한 걸까? 난 얼른 화제를 바꿔 묻는다.

"넌 어디가 제일 좋았어?"
"여기!"
"그럼, 우리 여기서 살까?"
"싫어! 카프카랑 비비는 어떡해!"
이럴 땐 은서가 참 현실적이다. 어느새 카프카랑 비비까지 생각하고 있다.
이런저런 대화를 하다보니 데낄라 병이 비었다. 은서는 술병을 비우기가 무섭게 그 병을 바닷물에 깨끗이 씻어 안에 모래를 담고 있다.

우리의 마지막 날이 그렇게 가고 있었다.

얼마나 많은 이런 마지막 날들이 우리 생에 남아 있는 걸까?

여행의 끝은 또 다른 시작이어서 좋다. 지금 여행을 끝내고 있지만 그 순간 또 다른 여행을 꿈꿀 수 있어 좋다.

그래서 지금도 우린 또 먼 길을 떠날 준비 중이다.

데낄라 병 안에 있는 이슬라 무헤레스 해변의 모래를 보며, 또 다른 병에 담을 전혀 다른 곳의 모래를 상상하고 있다.

saybonvoyage.com